はじめてでもよくわかる

もっと、がまぐちの本

越膳夕香

はじめに

がまぐち作りのクライマックスである
口金をはめる作業は、慣れないうちは難しいものです。
本書で紹介する作り方は、革の技法を布用にアレンジしたもの。
無駄な工程がなく、シンプルで失敗の少ない方法です。

はじめて作るかたは、まず、ストレートタイプの口金で
まちなしのフラットな形のものを作って
口金をはめる練習をするのが、上達の近道ではないかと私は思っています。
ですから、この本の前半部分には、そういう作品を集めました。
その次は、カーブを縫ったりギャザーを寄せたりといった
デザインのバリエーションも楽しみながら
小さめサイズの口金を使って作ってみましょう。
そして、口金をはめるのに慣れてきたら
大きめサイズの口金や、別布のまちをつける形にもトライ。
また、ウールやキルティングなど厚手の素材や
革やラミネートなどの異素材にもチャレンジしてみてください。

そんなふうに無理なくステップアップしていけば
はじめてのかたも、口金をはめるのが苦手なかたも
きっと、いつのまにか上達して
がまぐちを作るのが楽しくてたまらなくなるはずです。

2013年に初版発行された本書ですが
このたび、新装版という形でお届けすることになりました。
初版から年月が経っているため
中には入手しにくくなってしまった口金もありますが
ゲンコのデザインは違っても、フレーム部分が同じであれば応用できます。
逆に、当時はできたばかりの新商品だったのが、すっかり定番になった口金もあります。

作って使って誰かにプレゼントして、がまぐちの楽しみかたはいろいろ。
本書を手がかりに、がまぐち作りのヒントを見つけていただければ嬉しいです。
フレッシュな「ぱちん」の音が、たくさん響くことを願っています。

越膳夕香

Contents

用途いろいろ、四角くてフラットな おでかけ小物

	作品	作り方
カードケース3種	4	42
ペンケース2種	5	43
通帳ケース	6	44
手帳カバー	7	45
8寸扇子入れ	8	46
A5&A4のドキュメントケース	9	46
パスポートケース	10	47
アクセサリーケース	11	48
ティッシュケース	12	49
折りたたみミラー	13	50

ミニがまぐち10バリエーション　14　51

column1
口金の話・生地取りの話　16

いろんな生地にトライ。素材を生かしたがまぐちアイテム

ファーのハート形ポシェット	18	55
ファーのクラッチバッグ	19	56
ラミネート地のポーチ2種	20	57
ラミネート地のペットボトルホルダー	21	58
キルティングのサングラスケース	22	59
キルティングのデジカメケース	23	60
革の親子ポーチ	24	61
革のツインポシェット	25	62

個性的な玉つき口金を使ったポーチ&バッグ

しましま玉 + ダーツ入りポーチ	26	63
アクリル玉 + 縮絨ニットのつまみ底ポーチ	27	63
木玉 + ツイードにスエードパイピングのバッグ&ポーチ	28	64
マーブルキューブ + ちりめんと帆布の四角いポーチ	29	66
シルバースターのフリンジバッグ&ゴールドスターのポーチ	30	67
ラインストーンつき口金のベルベット・バッグ&ネックレス	31	68

column2
素材選びも自由な発想で　32

がまぐちの作り方　33

実物大型紙　69

用途いろいろ、四角くてフラットな おでかけ小物

ふだんバッグの中に入れて持ち歩きたい小物や、
旅のおともに便利な小物をがまぐちで作りませんか。
口金をはめるのが簡単な、フラットタイプばかりを集めました。

カードケース3種

縦長、横長、L形と、3種類のカードケース。
どれも一辺が「わ」なので縫うところはほんの少しです。
こんながまぐちから名刺を取り出して渡したら、きっと印象に残るはず。

作り方 ≫ P.42　型紙 ≫ P.69 No.1,2,3

ペンケース2種

スマートなペンケースは、縦長と横長の2タイプ。
どちらも、ペンを2〜3本収納するのに
ちょうどいいサイズです。

作り方 ≫ P.43　　型紙 ≫ P.69 No.4,5

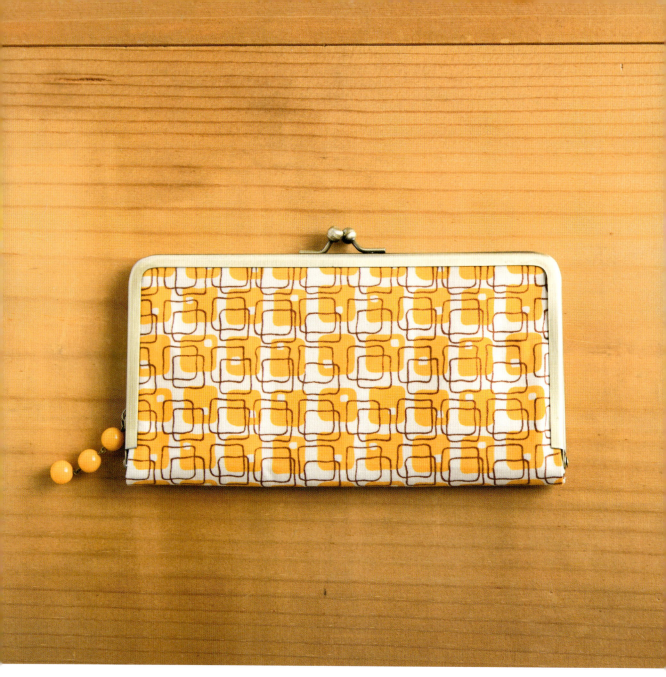

通帳ケース

通帳はお財布とは別に持ちたいけれど、裸でバッグに入れるのは無防備ですね。では専用のケースを作りましょう。通帳1冊と、カード3枚が入るポケットつき。

作り方 ≫ P.44　型紙 ≫ P.70 No.6

手帳カバー

スリムサイズの手帳専用になりますが、
愛用の手帳に合うサイズの口金を見つけられたら、こんな使い方はいかが？
両サイドに見返し布をつけるだけなので見た目より簡単。

作り方 >> P.45　　型紙 >> P.70 No.7

8寸扇子入れ

メンズサイズの扇子も入る長めの8寸タイプ。
貼り合わせで作る、初心者向きの筆頭アイテムです。
カンつきの口金だから、根付にも凝りたいもの。

作り方 ≫ P.46　　**型紙** ≫ P.70　No.8

A5 & A4のドキュメントケース

使った口金は、左の扇子入れと同じもの。
A4サイズとA5サイズ、複数作って書類を仕分けしてもいいですね。
ノート、ファイル、タブレット……それとも、がまぐちの型紙の整理?

作り方 ≫ P.46　　**型紙** ≫ P.70 No.9,10

パスポートケース

旅先でスマートに行動するためのパスポートケース。
あると便利かなと思って、外にポケットをひとつつけました。
ストラップはもっと短くしてもいいし、カンなし口金で作っても。

作り方 ≫ P.47　　**型紙** ≫ P.71 No.11

アクセサリーケース

こちらも旅のおともにおすすめの、アクセサリーケース。
ピアス、リング、ネックレスのホルダーは革の端切れで作りました。
これらの内装は、お好みで使いやすいようにアレンジを。

作り方 >> P.48　　型紙 >> P.71 No.12

ティッシュケース

正確に言うと、外側にティッシュケースがついた、がまぐち。
ティッシュ以外のものも入れる場所があると便利でしょ。
カンつき口金で作って紐をつけ、ハンカチと一緒に小さい女の子にプレゼントしても。

作り方 〉〉 P.49　**型紙** 〉〉 P.71 No.13

折りたたみミラー

ぱちんと開けるとミラーが現れ、口金のフレームでとめれば
スタンドになるという優れもの。紙白粉など入れるのに便利な内ポケットもひとつ。
化粧ポーチとコーディネートして作るのも素敵ですね。

作り方 ≫ P.50　型紙 ≫ P.72 No.14

ミニがまぐち10バリエーション

小銭入れとしてはもちろん、携帯用の薬を入れて持ち歩いたり、
出先ではずしたピアスやリングを入れておいたりと、使いみちはいろいろ。
プレゼントにしてもきっと喜ばれるはずです。

14ページ
上段（左から右）
作り方 >> P.51　型紙 >> P.73 No.15
作り方 >> P.51　型紙 >> P.73 No.16

中段
作り方 >> P.51　型紙 >> P.73 No.17

下段（左から右）
作り方 >> P.52　型紙 >> P.73 No.18
作り方 >> P.52　型紙 >> P.73 No.19

15ページ
上段（左から右）
作り方 ≫ P.53　型紙 ≫ P.73 No.20
作り方 ≫ P.53　型紙 ≫ P.74 No.21

中段
作り方 ≫ P.53　型紙 ≫ P.74 No.22

下段（左から右）
作り方 ≫ P.54　型紙 ≫ P.74 No.23
作り方 ≫ P.54　型紙 ≫ P.74 No.24

がまぐち作りの
最初の楽しみは
口金選び。
ヒネリの効いた形の
ゲンコに注目。

がまぐちを開閉するときの「ぱちん」の音源は、ゲンコ部分の二つの玉。丸い玉が一般的ですが、中にはちょっと変わった形の玉もあります。その一例を左の写真でご紹介。
俗称なので製造元によって異なる場合もありますが、上から、ナツメ玉、碁石玉、逆玉、バット玉、ドーナッツゲンコ、飛び込み。誰が名づけたのか、なるほど、と納得する形状です。

もっと変わった玉のついた口金もあります。
金属だけではなく、カラフルなアクリルだったり、ナチュラルな木製だったり。
これらは、ゲンコどうしが直接ぶつかって「ぱちん」となるわけではありません。よく見ると、玉と玉の間のつけ根のところに、小さな丸い玉があります。これを「調子玉」というのだそうです。
こんな楽しい口金も、26ページから登場しますのでお楽しみに。

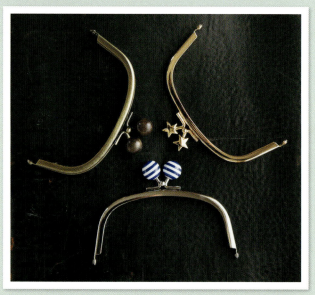

次の楽しみは
生地選び。
生地の取り方次第で、
違う表情が
生まれます。

小さな面積の生地から作れるのも、がまぐちのいいところ。服やバッグをいろいろ作って、もう見飽きてしまったような残り布でも、口金をはめたとたんに新鮮に見えることもよくあります。
ところで、裁断する前にちょっと考えたいのが、生地の取り方。
アイロン台の上に生地を広げ、型紙を写した接着芯を貼ろうとするとき、まずは思ったとおりに素直に置いてみましょう。それがベストかもしれないし、それしか選択肢はないかもしれません。でも、もしかすると、違う取り方があるかもしれません。

たとえば、上の写真は5ページNo.4のペンケース。この作品は、左右対称ではないマルチストライプの生地を使っていますが、縦に取った場合と横に取った場合では、こんなに印象が変わります。また、下にあるのは、同じ生地を使って5ページNo.5の型紙で作った横長タイプです。
右は、15ページNo.20のコインケースで、縦地に取った場合と横地に取った場合の違いです。
14ページNo.19のコインケースは、左は正バイアスに、右は普通に地の目を通して取ったものです。
比べてみてこっちがいいな、と思ったほうが作品ページに登場しています。
14ページNo.16のように大きな柄の一部を切り取る場合には、さらに迷うところですね。

型紙を写した接着芯を生地にのせて透かしてみて、アイロンで押さえる前にいろいろな可能性を試してみましょう。接着芯を貼れば、地の目はそんなに気にしなくても大丈夫。いちばんいいところを切り取って、お手持ちの端切れを生き返らせてください。

いろんな生地にトライ。素材を生かしたがまぐちアイテム

扱いやすい綿や麻で作るのに慣れてきたら、少し特殊な素材にもトライしてみましょう。
がまぐちは縫うところが少ないので、
苦手だと思っていた素材でもすんなり作れるかもしれません。

ファーのハート形ポシェット

二つ山の形を生かしてハート形にしてみました。
ほかの素材でもかわいい作品ができそう。

作り方 ≫ P.55　　型紙 ≫ P.74 No.25

ファーのクラッチバッグ

大きめサイズの口金は、ポーチじゃなくアウターとして持てるバッグを作りたくなります。
インパクトのある素材を使えば、ちょっとしたパーティーバッグにも。

作り方 >> P.56　　型紙 >> P.75 No.26

ラミネート地のポーチ2種

ラミネート地の長所を生かした裏なし1枚仕立てのポーチは、
たたんで縫うだけの簡単底まち。
2点とも型紙は共通で、まちのたたみ方を変えた2バージョン。

作り方 >> P.57　**型紙** >> P.75　No.27

ラミネート地のペットボトルホルダー

表はマットなラミネート地、裏には保冷シートを使った
ペットボトルホルダー。ナスカンで着脱できる
ストラップつきなので、バッグの持ち手などにも提げられます。

作り方　P.58　　型紙　P.75　No.28

キルティングのサングラスケース

使っている口金は、18ページのハート形ポシェットと同じでカンのないタイプ。
底まちをつまんだデザインなので、ボリュームのあるサングラスでも収納可能です。
もちろんサングラスだけじゃなく、ユニークな形のポーチとして使っても。

作り方 >> P.59　　型紙 >> P.75 No.29

キルティングのデジカメケース

クッション性のあるキルティング地を使った、横まちのコンパクトデジカメケース。
短めの革のストラップをつけましたが、長さはお好みで調整を。

作り方 ≫ P.60　　**型紙** ≫ P.76 No.30

革の親子ポーチ

親子口金というのではなく、大小の口金を
自由に組み合わせてみたくて、ちょっと遊んでみました。
それぞれに何を入れて使うか妄想するのも楽しい時間。

作り方 >> P.61　型紙 >> P.76　No.31

革のツインポシェット

こちらは同じ口金のカンつきとカンなしを組み合わせて。
袋布の両端に口金をつけて底で折ると、
その間にもポケットができるのです。

作り方 ▶▶ P.62　型紙 ▶▶ P.76 No.32

個性的な玉つき口金を使ったポーチ&バッグ

ゲンコの玉が個性的な口金をいろいろ集めました。
玉の素材や色に合わせて、布を選んだり形を決めたり。
がまぐち作りの楽しみがますます広がります。

しましま玉 ＋ ダーツ入りポーチ

手のひらになじむ、ほどよい丸みのポーチ。
底にダーツを入れたデザインは、くし形の口金に合います。
しましま玉のインパクトが強いので、形はシンプルに。

作り方 >> P.63　型紙 >> P.77 No.33

アクリル玉 ＋ 縮絨ニットのつまみ底ポーチ

角丸タイプの口金なので、ストレートなデザインで。
つまみ底の作りやすい形です。
カラフルなアクリル玉の口金は、布との色合わせを楽しんで。

作り方 ▶▶ P.63　型紙 ▶▶ P.77 No.34

木玉 ＋ ツイードにスエードパイピングのバッグ＆ポーチ

横まちで、胴にはギャザー入り、おまけにパイピングも施した、作りごたえのあるバッグ。
ちょっとハードル高めに感じたら、まずはポーチからどうぞ。

作り方 ≫ P.64,65　　型紙 ≫ P.77 No.35,36

マーブルキューブ ＋ ちりめんと帆布の四角いポーチ

胴もまちも四角い形のパーツを縫い合わせた、通しまちのポーチは、口金の幅が違う大小のセット。
まちの部分に帆布を使っているので、見た目以上にしっかりしています。

作り方 >> P.66　　型紙 >> P.78　No.37, 38

シルバースターのフリンジバッグ＆
ゴールドスターのポーチ

星形ゲンコがポイントの、色違いの口金を使って。
カンつきタイプは、底にフリンジを挟んだミニバッグに。
カンなしタイプは、底をわで裁ってポーチに。

作り方 >>> P.67　　型紙 >>> P.79 No.39

ラインストーンつき口金の
ベルベット・バッグ&ネックレス

2つの玉がぱちん、ではない「オコシ」というタイプの留め具に、
ラインストーンがちりばめられた豪華な口金は、もちろんパーティバッグに。
端切れでお揃いのネックレスも作れば、シンプルな服でもドレスアップできそう。

作り方 ≫ P.68　　型紙 ≫ P.79　No.40, 41

こんな素材で
がまぐちを
作ってみたら……。
自由な発想で
試してみて。

金具類を除いた1個分の材料は、4cm幅のリボン8cm分を2種類。表と裏、2種類のリボンの周りにボンドを塗って貼り合わせ、口金をはめただけです。右はゴールドのラメ、左はチェックのリボンを使っていますが、どちらも裏側はベルベットのリボン。アクセサリーを入れるのにも適した素材です。チェーンやキーホルダーパーツなど、お好みのものをつけて。

■使用口金
幅4×3.8cm（F16・左：N・右：G ／㋵）

たまたま家にあった蛍光カラーのパンチングビニールの端切れで。もちろん1枚仕立てで、両脇を縫ったのは透明ミシン糸。根付につけた飾りは、大きめの丸カンにウッドビーズを通しただけ。
ビニールなので中身が透けるということを生かす使いみちは何でしょうね？　へそくりを隠すのには向いていません。「はじめてのおつかい」には、いいかも？
口金：幅7.5×3.5cm（CH-110・左：AS・右：BN ／㋵）

デニムパンツについていた布タグが、大きくてちょっとかっこよかったので捨てずにとってあったもの。よく使う2.5寸口金をのせてみたら、サイズがぴったりなので、二つに折って両脇を縫い、黒いリネンデニムの裏袋をつけて口金をはめ、コインケースとして愛用中。根付は子どもの頃、ネックレスにしていた記憶がある古いパーツ。物持ちがよすぎますね。
口金：幅7.5×3.9cm（F18・N ／㋵）

■使用型紙と口金
上記3点は、14ページのNo.15と同じ型紙で、幅7.5cmの口金を使って作れます。
両脇のあきどまりの位置は、口金の脚の長さによって微調整を。

がまぐちの作り方

この本の作品はすべて
「基本の作り方（P.38 〜 41）」を参照して作れます。
各作品の作り方ページと巻末の型紙を確認したら、
さっそく作ってみましょう。

Technique note 1
はじめてがまぐちを作る人へ

【 角タイプの口金から 】
最初は、丸よりも角の口金のほうが、はめる練習には向いています。生地は、厚すぎず薄すぎない木綿や麻などの、規則的で細かい柄のあるものがおすすめ。たとえばギンガムチェックなら、柄がそのまま目盛りになるので、口金の溝にまっすぐ入っていないときなどに無地よりも発見しやすいのです。

【 正確さが肝心 】
つねに正確な作業を心がけましょう。サイズが小さいので、ミリ単位の誤差でも大きく響きます。印をつけるのも裁つのも、なるべくシャープな道具で。はさみよりもカッターを使うことをおすすめします。

【 へらや目打ちを用意 】
へらは折り代を折るとき、縫い代を割ってボンドで貼るときなどに役に立ちます。目打ちは、しるしを写すときや、底まちやポケットの角を出すとき、口金をはめるときなど、あらゆる場面で必要になります。

【 習うより慣れよでトライ 】
口金をはめる作業は、最初は難しいと思いますが、慣れです。失敗を恐れずに何度もトライしてみてください。ただし、余計なところにボンドをつけないように気をつけて。口金についたボンドは乾けばはがせますが、袋布にはつけないように。手や道具はいつもきれいにして作業しましょう。

Technique note 2
表記について

【 できあがりサイズについて 】
各作品の作り方ページにおよそのサイズを「W(幅)×H(高さ)×D(まち幅)」で表記しています。

【 用尺について 】
布の長さは横×縦で表示しています。小さいものなので、1cm単位で切り上げており、わりとぎりぎりです。ほつれやすい生地や、柄合わせが必要な生地などは、余裕をもって用意してください。

【 口金の種類について 】
本書で使用した口金はすべて「材料」のところにメーカー名と品番を記載してあります。

記載例) 作品No.1の場合
口金:幅7.5×10.5cm (F18・N／㋴)
　　　 サイズ　　品番 色 メーカー

色(メッキ色)の略語について
N=ニッケル、G=ゴールド、B=ブラックニッケル、BN=ブロンズ、AS=アンティークシルバー、AG=アンティークゴールド、ATS=真鍮ブロンズサテーナ、DB=銅ブロンズサテーナ

メーカー名略語について
㋣タカギ繊維　㋴角田商店　㋦藤久
問い合わせ先はP.80に掲載しています。

【 口金のサイズ 】
「幅×玉を含まない高さ(下はリベットの下まで)」で表記しています。メーカーのサイズ表記とは異なる場合があります。

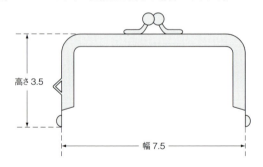

【 紙紐について 】
材料の中に「紙紐」は記載していません。必要な分量は、口金の溝の幅と布地の厚さによります。同じ口金でも、生地の厚さによって紙紐の太さを調整する場合もあります(P.39参照)。紙紐は、口金に添付されている場合もありますが、添付されていない場合は別に用意しなければいけないのでご注意を。

Technique note 3

実物大型紙について

【 型紙の掲載ページ 】
本書の掲載作品には、すべて実物大型紙がついています。作り方ページに、型紙が掲載されたページ数を記載してありますので、作りたい作品の番号を探してください。

【 折り代・縫い代・印について 】
実物大型紙にはすべて6mmの折り代・縫い代がついています。ミシンのゲージに合わせて縫う人は、この線は写さなくても大丈夫です。面積が大きい作品は、二つ折りにした状態で、折り線を「わ」で表記してある場合もあります。その場合は、「わ」の破線を中心に、対称に開いて使ってください。
左右のセンターライン、合い印、縫いどまりの印、金具のつけ位置なども全部忘れずに写しておきましょう。

【 使い方 】
実物大型紙の利用方法には、大きく分けて2つあります。布を裁つときは、いずれの場合も型紙を接着芯に写したものを布に貼ってから裁つと、ラクで誤差も少なく済みます。

1. **実物大型紙に不織布タイプの接着芯を重ね、透かして鉛筆でなぞる**

接着芯をそのまま布に貼り、一緒に裁てばOK。すぐ作れます。

2. **実物大型紙を薄い紙に写し取ってから厚紙で裏打ちするなどして、型紙を作る**

厚紙で作った型紙を接着芯にのせて、輪郭をなぞって写す。型紙をきちんと作っておくと、同じものを複数作るときに便利です。

【 メーカー違いの口金を使用する場合 】
口金の規格は微妙で、異なるメーカーで同じサイズが存在することもありますし、逆に、同じように「2.5寸」と表記されていてもメーカーによって足の長さが数ミリ違う、などということもあります。
手持ちの口金を使って掲載作品を作る場合、微妙なサイズの違いが心配なときは、実物大型紙の口元のラインに口金を重ねてみてください。

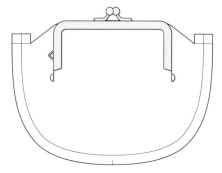

次に、肩の部分を支点に回転させて、足の部分を型紙に重ねてみてください。

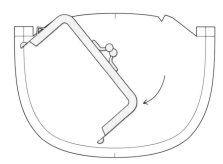

脇の縫い線の上にリベットが重なれば大丈夫。口金に入る部分の総距離が合っていればはめることができます。数ミリの違いなら、肩の部分のV字の切り込みが誤差を吸収してくれます。

Technique note 4

芯について

【 薄手接着芯を使う 】
表布・裏布の全面に貼るには、伸縮性のない不織布タイプの薄手接着芯がおすすめ。透けるので柄合わせもしやすく、芯を貼ってから裁てば裁ち端のほつれも防げます。

【 ドミット芯を使う 】
アクセサリーポーチやデジカメケース用にクッション性がほしいときは、接着芯をドミット芯に替えても。ただし、袋布が厚くなりすぎると口金をはめにくくなるので、生地の厚さや口金の溝幅とのバランスを考えて選んでください。

【 口芯を貼る 】
使う生地のタイプや形にもよりますが、口元をしっかりさせたいときには、口芯を貼るといいでしょう。
厚手の接着芯か薄手のボール紙などで作り、表袋と裏袋の口元を貼り合わせるときに間に挟み、口元だけを接着します。口芯の型紙はつけていませんが、だいたいで大丈夫なので、右の図を参照して作ってください。

【 胴芯を入れる 】
P.4〜5の作品のような二つ折りタイプを作る場合、しっかりさせたいときには、胴芯を全体に入れます。ベタ貼りではなく周りだけにボンドをつけ、底を曲げて形づけながら貼り合わせます。胴の型紙をもとに、下の図を参照して作ってください。

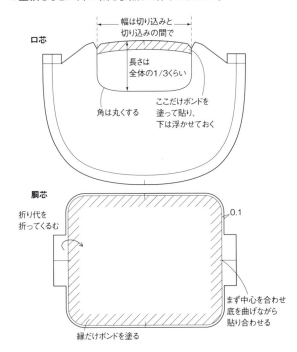

Technique note 5

口金はめのコツ

【 キレイにはめるポイント 】
詳しい工程は「基本の作り方」(P.38〜)で解説していますが、いちばんの難所なので、いくつかあるポイントをここで確認しておきましょう。
● まちがあるタイプの場合は、表袋と裏袋を貼り合わせたら、口金にはめやすいように、しっかり折り癖をつけておくこと。
● 口金の溝にボンドを入れる前にリハーサル。うまくはまるか、紙紐の太さは適当か、などを確認しておくこと。
● 一カ所だけを見ていないで、まんべんなく全体をチェックしながらはめること。
● 紙紐は深く押し込みすぎず、見えるか見えないかくらいの位置でとめること。

【 うまくはまらなかったとき 】
「やっとはめ終わった〜！」と思ってよく見たら、「ちゃんと入っていない、曲がってる！」というときに、修復しようとぐずぐずいじってもダメです。ボンドが乾かないうちに、潔くいったんはずして、イチからはめ直しましょう。紙紐は、破かないように抜き出してより直せば再利用できます。

【 リベット脇の角をつぶす 】
仕上げに、口金のリベット脇の角をつぶして締めておけば安心ではありますが、私は、いつも必ずつぶさねばならないわけではないと思っています。きちんとボンドを入れて、適切な太さの紙紐を適切な場所に入れれば抜けてしまう心配はありません。それに、いったんつぶすと修理が難しくなってしまいます。
この本の作品では、No.35、36など、厚地の場合などに限ってつぶしています。とはいえ、ボンドが乾いてからでも、力まかせに袋を引っぱれば抜けてしまうので、取り扱いにはご注意を。

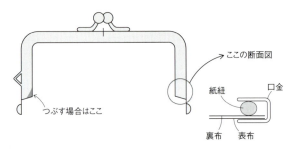

がまぐち作りに使う道具

がまぐちを作るとき、私がふだん使っている道具をご紹介します。
ただし、ミシン、アイロン、鉛筆などは省いています。
これと同じ道具を揃えないと作れないというわけではなく、
身近なもので代用できるものもたくさんあります。まずは家にあるもので工夫してみてください。

下の写真の「はめやっとこ」と同じ働きをする道具。軽量で扱いやすい。がまぐち専用さし込み器具（CH-9000）／タカギ繊維

【 袋布を作るのに使うもの 】

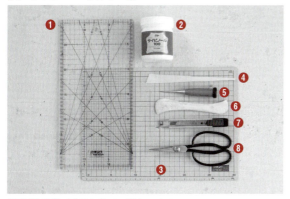

❶方眼定規：型紙を作る。印をつける。
❷ボンド（これは「サイビノール100」／クラフト社。手芸用ボンド、木工用ボンドでOK）：袋布の縫い代、折り代、口元を貼る。口芯や胴芯を貼る。
❸カッターボード：型紙を作る。接着芯や生地の裁断をする。
❹のりべら（厚紙などで作ってもOK）：縫い代、折り代、袋布の口元などを貼り合わせる。
❺目打ち：印をつける。袋布の形を整える。袋布を口金の溝にはめ込む。
❻へら：折り代の印をつける。縫い代やカーブの形を整える。
❼カッター：型紙を作る。接着芯や生地の裁断をする。
❽はさみ（裁ちばさみより小回りが利いて、刃先までよく切れるもの）：縫い代などに切り込みを入れる。

【 根付を作ったり、チェーンをつけたりするとき便利なもの 】

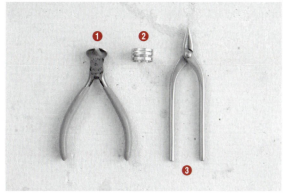

❶ニッパー：Tピンや9ピンをカットする。
❷指カン：丸カンやチェーンの開閉をするとき、指にはめてペンチの補助をする。
❸ラジオペンチ：丸カンやチェーンを取りつけるときに、開けたり閉めたりする。Tピンや9ピンの端を丸める。
※根付は参考作品です。詳しい作り方は紹介していません。

【 口金をはめるときに使うもの 】

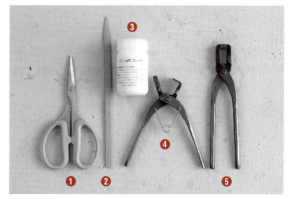

❶はさみ（布用とは別の頑丈な工作用）：紙紐を切り分ける。
❷竹べら（竹串や爪楊枝で代用可）：口金の溝の中にボンドを塗る。
❸ボンド（「Tボンド」／角田商店。左の写真のボンドの姉妹品「サイビノール600」でもよい。その他、乾くと無色透明になるタイプで接着力の強いもの）：口金をはめるとき溝に入れる。
❹はめやっとこ（「口金入れペンチ式」／角田商店。親指の爪でもOK。上の写真の「差し込み器具」もおすすめ）：口金に紙紐を入れて整える。
❺つぶしやっとこ（「口金つぶし」／角田商店。ペンチに布を巻いて代用可）：口金の端の角をつぶす。

【 カシメやハトメを打つ場合に必要なもの 】

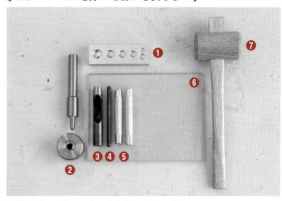

❶打ち台：カシメ、ホックを打つときの台。
❷ハトメ打ち具（打ち棒と台で1セット）：ハトメを取りつける。
❸ポンチ：カシメやハトメを打つ位置に穴をあける。
❹カシメ打ち具：打ち台と一緒に使ってカシメを取りつける。
❺ホック打ち具（2本で1セット）：打ち台と一緒に使ってホックを取りつける。
❻ビニ板（ゴム板、カッターボードでもOK）：ポンチや打ち具を使うときに下に敷く。
❼木槌：ポンチや打ち具を叩く。

基本の作り方

どのタイプも、型紙を接着芯に写し取ったものを、布の裏に貼って裁断したところからスタートします。

Type A　まちがあるタイプ

胴とまちを別に裁って縫い合わせるものと、胴から続いたまちが脇で折れて内側に入るものがありますが、表布、裏布それぞれの、両脇の折り代を折って貼り合わせるところは同じ。

両肩にあるV字形の切り込みは、まちの折り山の延長線上にあり、立体的なまちを形作りつつもスムーズに口金をはめるための大事な部分。ただし、口金の中に隠れるよう、深く切りすぎないように注意。このV字の頂点を起点にしてきちんと折り癖をつけておくのがポイント。

▶▶布を裁つ

1 表布2枚、裏布2枚、接着芯を貼って裁断したところ。縫い線や折り線は省略してもOK。センターラインは入れておく。

▶▶袋を作る

2 表布2枚、裏布2枚をそれぞれ中表に合わせて周りを縫う。ミシンのゲージをガイドに、表は少し外側、裏は少し内側を縫って差をつけるときれいに重ねられる。差の度合いは布の厚さによる。

3 縫い代のカーブの部分に縫い目の2mmくらい手前まで切り込みを入れる。5～8mmくらいの間隔で、縫い目に対して垂直に。裏袋も同様にする。

4 縫い代にボンドをつけて貼り、縫い代を割る。カーブの部分はへらなどを使って起こし、切り込みを入れた部分をきれいに重ねる。

5 平らに置いたまま縫い代を貼ると縫い目の部分がとがってしまうので、ボンドが乾かないうちに手を入れて、縫い目を押さえるようにして割る。

6 表袋、裏袋とも、縫い代の始末を終えた状態。

7 両脇の折り代の裏側にボンドをつける。折りにくい生地の場合は、先にへらで折り線をなぞって折り癖をつけておくとよい。

8 折って貼る。厚地の場合は余分な縫い代をカットしてもいい。裏袋も同様に。

9 表袋、裏袋とも、折り代の始末を終えた状態。

Option

口元をしっかりさせるために口芯を入れる場合は、この段階で、表袋、裏袋どちらかの口元に貼っておく（P.36参照）。

10 表袋を表に返し、形を整える。

11 口の部分に一周ボンドを塗り、表袋の中に裏袋を重ねて入れる。

12 両脇の折り代部分から貼り合わせる。脇の縫い目をきちんと合わせること。

13 センターの印を合わせて、中央部分も貼り合わせる。底の隅のほうまでしっかり袋が重なるように整える。

14 脇の折れまちの部分の折り癖をつける。V字の切り込みの頂点から脇線の中央あたりまでを山折りに、脇の折り代を貼り合わせたあたりを谷折りに。

15 左右対称になるように、両側とも折り癖をつける。このまま口金にはめられる状態に。

▶▶口金をはめる

16 口金に合わせて、長いもの2本、短いもの4本に紙紐を切り分ける。丸、くし形などは、型紙に合わせて、V字の部分を目安に切り分けてもよい。

17 紙紐のよりを戻して広げる。破らないよう、ゆっくり丁寧に。

18 紙紐を巻いてより直す。ふわっと空気を含ませることで、口金の溝の形に紙紐がフィットして安定する。巻き直すことではみ出した両端は切り揃えておく。

19 口金の溝にボンドを入れる前に、リハーサル&イメージトレーニング。袋布がきちんと収まるかどうか確認する。

20 どこか一カ所でよいので、口金に袋布を入れた状態で、紙紐が入るかどうか、太さが適当かどうかをチェック。

Option

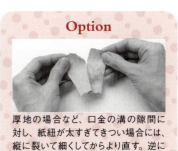

厚地の場合など、口金の溝の隙間に対し、紙紐が太すぎてきつい場合には、縦に裂いて細くしてから入れ直す。逆に紙紐が細すぎてゆるい場合には、2枚重ねて巻き直してから入れたりする。

21 口金の溝にボンドを入れる。内側(裏布と接する面)と天に塗るように心がけること。ボンドはなるべく均一に、角の部分もきちんと。逆さまに立てて行うと作業しやすい。

22 両脇の縫い線をリベットの中心に合わせ、折り癖をしっかり保った状態で足の部分を入れる。

23 口金の端の角に引っかかって溝にきちんと入っていかないことがあるので、そういうときは目打ちを使って溝の奥まで押し込む。

24 袋布の端が口金の溝の奥までうまく入ったら、とりあえずリベット脇のところに紙紐を入れて押さえておいてもよい。

25 中央部分をはめる。脇からはめるか中央からはめるかは、ケースバイケース。中央のほうがやりやすかったら、それでもよい(私は最近脇からはめることが多いけれど)。

26 角の部分も、口金の端に布端が引っかかってしまうことがあるので、目打ちでしっかり奥まで誘導。

27 ときどき表から見て、V字の切り込みがはみ出ていないか、全体に曲がっていないかチェック。

28 紙紐を入れていく。まず、リベット脇の部分で短い紙紐の一端を固定し、中央部分で長い紙紐を固定してから、角の部分に両方の紙紐の端を入れる。

29 紙紐は、奥まで押し込みすぎないように注意(P.36参照)。親指の爪、あるいは差し込み用の器具やマイナスドライバーなどを使ってきれいに入れる。

30 紙紐を全部入れ終わったら、表側を見て、手を入れて口金の際を持ち上げるようにして膨らませ、形を整える。ボンドが乾くまで、口を開けたまましばらく放置。

Option

袋布が抜けるのが心配なときは、口金の内側のリベット脇の角のところだけを、つぶしやっとこ、またはペンチで軽くつぶしておく(P.36参照)。ペンチを使う場合、口金を傷つけないよう当て布を。

できあがり。

Type B 底をわで裁って二つ折りにするタイプ

縫うところはないので針と糸は使わず、ボンドで貼り合わせるだけ。貼り合わせるとき、底を曲げて癖づけするのがポイント。

1 表布1枚、裏布1枚、接着芯を貼って裁断したところ。折り線は省略してもOK。縦横ともセンターラインは入れておく。

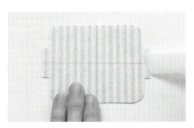

2 両脇の折り代にボンドを塗って貼る。

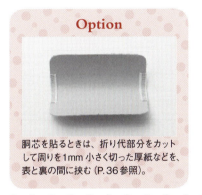

Option

胴芯を貼るときは、折り代部分をカットして周りを1mm小さく切った厚紙などを、表と裏の間に挟む（P.36参照）。

3 底の部分が自然に曲がるように折り癖をつけながら貼り合わせる。その際にできた差が大きければ、裏布のはみ出した部分を表布に合わせてカットする。

口金をはめて（P.39参照）、できあがり。

Type C まちのないフラットタイプ

表布、裏布ともに2枚ずつ裁ち、両脇と底を縫いますが、まちのないフラットタイプなので口金にはそのまますっとはめるだけ。縫いどまり位置できちんと縫いとめるのがポイント。

1 表布2枚、裏布2枚、接着芯を貼って裁断したところ。縫い線や折り線は省略してもOK。縫いどまり位置とセンターラインは入れておく。

2 表布2枚、裏布2枚をそれぞれ中表に合わせて周りを縫う。ミシンのゲージをガイドに、表は少し外側を、裏は少し内側を。両脇は、縫いどまりの位置できちんと縫いとめること。

3 縫い代の始末（P.38参照）をしたら、表袋を表に返して裏袋を中に入れ、口の周りにボンドを塗って貼り合わせる。両脇の縫い線を合わせて脇から貼る。

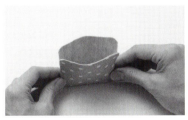

4 裏袋を底までしっかり中に重ね入れ、中央部分も貼り合わせる。

口金をはめて（P.39参照）、できあがり。

カードケース3種

布のはなし　縦長：どことなく和テイストな柄を、根付のモチーフにも。横長：じつは直径8cmの大きな水玉が並んだプリント地で、赤と黒とが隣り合っているところを切り取ったもの。L形：裏には11号帆布を使ったので芯を貼っていませんが、薄手の布の場合は貼りましょう。

カードケース（縦長）
Photo P.4
Pattern P.69　No.1

サイズ　W7.6×H10.5cm

材料
表布（綿プリント）：10×22cm
裏布（麻無地）：10×22cm
接着芯（表布・裏布用）：19×22cm
口金：幅7.6×3.8cm（F18・N／ツ）
根付：図参照

手順
基本の作り方　Type C（P.41）参照。

作り方のポイント
底はわで裁ち、両脇を縫いどまりまで縫う。

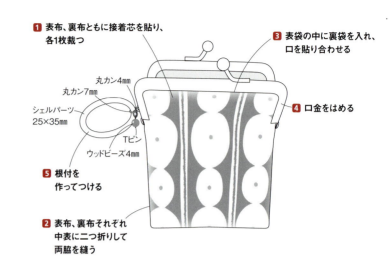

1 表布、裏布ともに接着芯を貼り、各1枚裁つ
2 表布、裏布それぞれ中表に二つ折りして両脇を縫う
3 表袋の中に裏袋を入れ、口を貼り合わせる
4 口金をはめる
5 根付を作ってつける

丸カン4mm
丸カン7mm
シェルパーツ 25×35mm
Tピン
ウッドビーズ4mm

カードケース（横長）
Photo P.4
Pattern P.69　No.2

サイズ　W10.6×H7cm

材料
表布（綿キャンバス水玉プリント）：13×15cm
裏布（麻無地）：13×15cm
接着芯（表布・裏布用）：25×15cm
口金：幅10.6×5.3cm（F106・N／ツ）

手順
基本の作り方　Type C（P.41）参照。

作り方のポイント
底はわで裁ち、両脇を縫いどまりまで縫う。

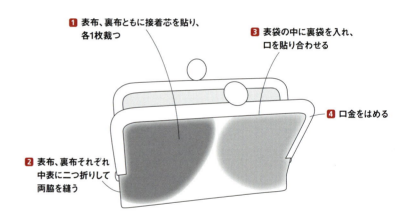

1 表布、裏布ともに接着芯を貼り、各1枚裁つ
2 表布、裏布それぞれ中表に二つ折りして両脇を縫う
3 表袋の中に裏袋を入れ、口を貼り合わせる
4 口金をはめる

カードケース（L形）
Photo P.4
Pattern P.69　No.3

サイズ　W7×H10.5cm

材料
表布（リバティプリント）：16×12cm
裏布（11号帆布）：16×12cm
接着芯（表布用）：16×12cm
口金：幅6×10.5cm（F69・N／ツ）

手順
基本の作り方　Type B+C（P.41）参照。

作り方のポイント
表布と裏布それぞれ、中表に二つ折りしてL形の下辺だけを端まで縫い、縫い代を割る。表布、裏布とも、上端と下端の折り代をそれぞれ折り、重ねて貼り合わせる。

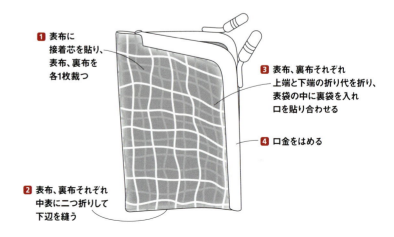

1 表布に接着芯を貼り、表布、裏布を各1枚裁つ
2 表布、裏布それぞれ中表に二つ折りして下辺を縫う
3 表布、裏布それぞれ上端と下端の折り代を折り、表袋の中に裏袋を入れ口を貼り合わせる
4 口金をはめる

ペンケース2種

布のはなし 縦長：赤×黒×ベージュのマルチストライプを縦に効かせたデザインで。規則的な繰り返しパターンじゃないストライプの場合は、どうやって生地取りをするか、とても迷うところです。そこらへんのお話は、17ページで詳しく。横長：正絹の博多のアンティーク六寸帯。藤の花を模した「独鈷藤」という柄です。博多の帯地は、横畝が際立つ生地なので、この方向じゃないと底の丸みがきれいに出ません。

ペンケース（縦長）

Photo P.5　　**Pattern** P.69　No.4

サイズ
W6×H18cm

材料
表布（綿麻ツイルプリント）：8×37cm
裏布（麻無地）：8×37cm
接着芯（表布・裏布用）：16×37cm
口金：幅6×4.5cm（F17・N／⑨）
根付：図参照

手順
基本の作り方　Type C（P.41）参照。

作り方のポイント
底をはぐ場合には、縫い代1cmをつけて裁ち、はぎ合わせて縫い代を割る。

1 表布、裏布ともに接着芯を貼り、各1枚裁つ
2 表布、裏布それぞれ中表に二つ折りして両脇を縫う
3 表袋の中に裏袋を入れ、口を貼り合わせる
4 口金をはめる
5 根付を作ってつける

丸カン6mm
ウッドビーズ6mm
Tピン
9ピン
アクリルパーツ25mm

ペンケース（横長）

Photo P.5　　**Pattern** P.69　No.5

サイズ
W18×H7cm

材料
表布（博多献上帯の端切れ）：20×15cm
裏布（綿ストライププリント）：20×15cm
接着芯（表布・裏布用）：20×30cm
口金：幅18×4.5cm（F25・N／⑨）

手順
基本の作り方　Type C（P.41）参照。

作り方のポイント
帯地は縦に折りにくいので、両脇の、あきどまりから上の折り代は、へらなどでなぞって、あらかじめ折り癖をつけておくとよい。

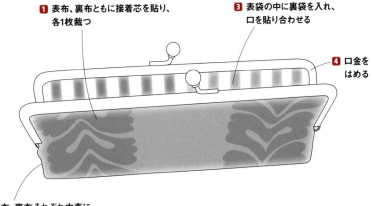

1 表布、裏布ともに接着芯を貼り、各1枚裁つ
2 表布、裏布それぞれ中表に二つ折りして両脇を縫う
3 表袋の中に裏袋を入れ、口を貼り合わせる
4 口金をはめる

通帳ケース

Photo P.6　**Pattern** P.70 No.6

サイズ　W18.2×H9.5cm

材料
外布（綿プリント）：20×20cm
内布（綿プリント）：20×20cm
ポケット布（綿プリント）：20×29cm
接着芯（外布・内布・ポケット布用）：40×34cm
口金：幅18.2×8.8cm（F71・ATS／ツ）
根付：図参照

手順
基本の作り方　Type B（P.41）参照。

作り方のポイント
内布にポケット布をのせて仕切りを縫うときに、口金に入る部分の端から0.2cmのところにも、ぐるりとミシンをかけておいてもいい。

> **布のはなし**
> ヴィンテージなプリントは、ちょっと版ズレっぽいニュアンスがなんともかわいい。外布、内布、ポケット布と、3種類の組み合わせを楽しく悩んでください。いちおう、お金に関わるアイテムなので、黄色っぽいものを使ってみました。

● ポケットの作り方

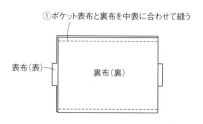
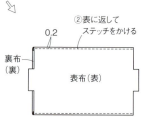
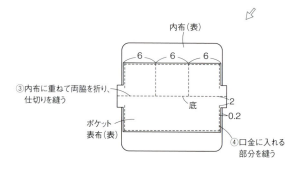

1. 外布、内布、ポケット布に接着芯を貼り、外布、内布、ポケット表布、ポケット裏布を各1枚裁つ
2. ポケットを作る（上図参照）
3. 外布、内布それぞれ両脇の折り代を折って貼り、外布と内布の周りを貼り合わせる
4. 口金をはめる
5. 根付を作ってつける

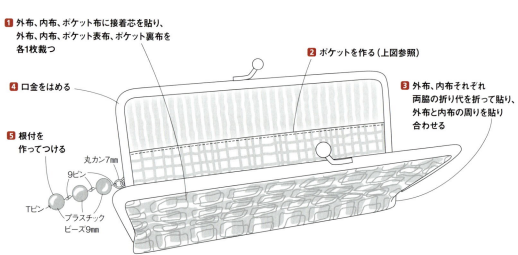

手帳カバー

Photo P.7　Pattern P.70　No.7

サイズ　W18.2×H9.5cm

材料
外布（手ぬぐい）：20×20cm
内布（綿ストライププリント）：20×36cm
接着芯（外布・内布用）：40×28cm
口金：幅18.2×8.8cm（F71・N／ツ）
根付：図参照

手順
基本の作り方　Type B（P.41）参照。

作り方のポイント
見返し布は全面に接着芯を貼り、中央で外表に二つ折りする。これを2組作り、内布の左右にのせる。見返し布の外周、端から0.2cmのところにミシンをかけておく。

布のはなし

かっこいいでしょ、王家の紋章みたいで。でもこれ、手ぬぐいです。底が「わ」なら上下のある柄は向かないけれど、脇が「わ」ならOK。この場合はむしろ、どっちが手帳の表紙側かわかりやすくて使い勝手がいいのです。

● 見返しの作り方

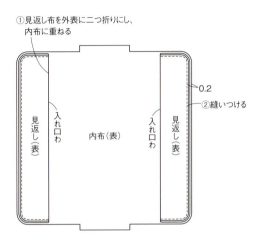

8寸扇子入れ

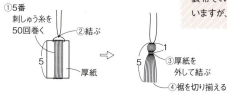

Photo P.8　Pattern P.70　No.8

サイズ　W24.1×H4.7cm

材料
表布（麻プリント）：26×10cm
裏布（綿プリント）：26×10cm
接着芯（表布・裏布用）：26×20cm
口金：幅24.1×H4.4cm（F68・B／ツ）
根付：図参照

手順
基本の作り方　Type B（P.41）参照。

作り方のポイント
表布と裏布を貼り合わせるときには、底にカーブの癖をつけながら貼り、はみ出した裏布はカットする。

布のはなし
青いバラ模様のざっくりした厚手の麻。表布・裏布それぞれに接着芯を貼ってしっかりさせていますが、お好みで胴芯（P.36）を入れても。

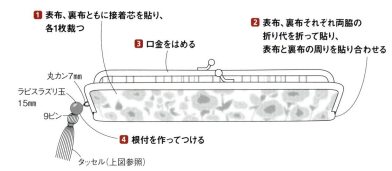

A5 & A4のドキュメントケース

【A5】

Photo P.9　Pattern P.70　No.9

サイズ　W24.1×H17.5cm

材料
表布（8号帆布）：26×38cm
裏布（綿プリント）：26×38cm
接着芯（裏布用）：26×38cm
口金：幅24.1×H4.4cm（F68・N／ツ）
根付：図参照

【A4】

Photo P.9　Pattern P.70　No.10

サイズ　W24.2×H34cm

材料
表布（方眼入り厚手シーチング）：26×70cm
裏布（綿プリント）：26×70cm
接着芯（裏布用）：26×70cm
口金：幅24.1×H4.4cm（長扇子入れ・N／ツ）
根付：図参照

手順
基本の作り方　Type C（P.41）参照。

作り方のポイント
表布はどちらも厚手なので、接着芯は貼らない。

布のはなし
A5サイズの赤の無地は8号帆布、A4サイズのほうは5cm方眼入りの仮縫い用厚手シーチングです。こういう布なら、もっと増やしたくなった場合にも入手しやすいと思って。革タグには内容物を書くなり刻印を打つなりご自由に。

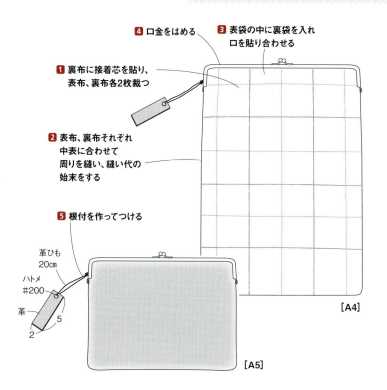

パスポートケース

Photo P.10　　**Pattern** P.71　No.11

サイズ　W10.6×H14cm

材料
表布（綿プリント）：13×40cm
裏布（綿シャンブレー）：13×40cm
接着芯（表布・裏布・ポケット布用）：25×40cm
カニカンつきロウ引きコード（長さ70〜130cmで調節可能）：1本
丸カン：直径7mmを2個
口金：幅10.6×5.3cm（F27・ATS／ツ）

手順
基本の作り方　Type C（P.41）参照。

作り方のポイント
表前側布にポシェットをのせて端から0.2cmのところにミシンをかけておくとき、ポケットのほうに若干ゆとりを持たせるようにして重ねる。そうすると、縫い返したときにポケットがつることなくきれいにできる。

布のはなし

プリントの柄を眺めているうちに、これはパスポートケースを作るしかしょうがないな、と思いついたアイテムです。裏布は、日本国のパスポートの表紙が映えるコントラスト強めの色を選んでみました。

● ポケットの作り方

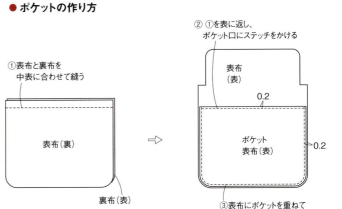

47

アクセサリーケース

Photo P.11　**P**attern P.71　No.12

サイズ　W10×H21.5cm

材料
外布・ポケット布（綿ジャカード織）：21×39cm
内布（インドシルク）：21×23cm
接着芯（外布・内布・ポケット布用）：21×62cm
革（1.2mm厚のヌメ）：15×15cm
バネホック：直径9mmを4組
口金：幅21.5×9.5cm（N／⑦）
根付：図参照

手順
基本の作り方　Type B（P.41）参照。

作り方のポイント
まず、革パーツを裁断し、穴をあけ、ホックを打っておく。ポケット布は、全面に芯を貼って外表に二つ折りする。内布に、ポケットと革パーツをのせて、端から0.2cmのところにミシンをかける。口金をはめるときの紙紐は、ポケットや革パーツの部分は細くするなどして調節を。

布のはなし

表布とポケット布は、綿ジャカード織のボーダー柄。それに合うピンクのインドシルクを内布に。ホルダー部分は無染色のヌメ革。根拠はないけど、アクセサリーを保護する役目の布や革は、天然素材が適している気がします。

● 革パーツの作り方

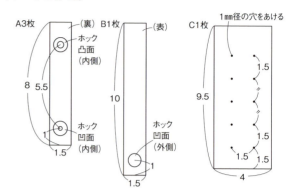

● 内布の作り方

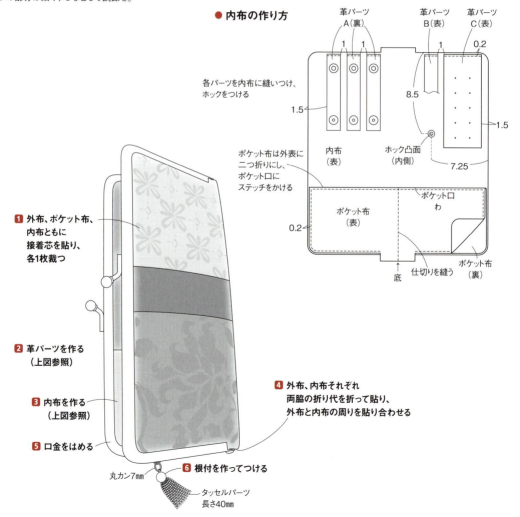

1 外布、ポケット布、内布ともに接着芯を貼り、各1枚裁つ
2 革パーツを作る（上図参照）
3 内布を作る（上図参照）
4 外布、内布それぞれ両脇の折り代を折って貼り、外布と内布の周りを貼り合わせる
5 口金をはめる
6 根付を作ってつける

ティッシュケース

Photo P.12　**P**attern P.71　No.13

サイズ　W12×H10cm

材料
表布（リバティプリント）：14×25cm
裏布（綿ドビーストライプ）：28×25cm
接着芯（表布用）：14×25cm
口金：幅12×5.4cm（F23・N／㋛）

手順
基本の作り方　Type C（P.41）参照。

作り方のポイント
接着芯は表布だけで、裏布には貼らない。A、Bそれぞれ、表布と裏布を中表に合わせて口を縫い、表に返してステッチをかける。BにAを1cm重ね、両脇を縫ってから、底で中表に折って、縫いどまり位置まで縫う。

布のはなし
まちはつけずに口金の中と外に収納部分を作るため、表布も裏布も薄手のほうが向いています。リバティには、のりが表にひびかないタイプの薄手接着芯を貼りましょう。裏布には芯を貼らずにすむ目の詰まった綿のシャツ生地を選びました。

● **表側布の作り方**

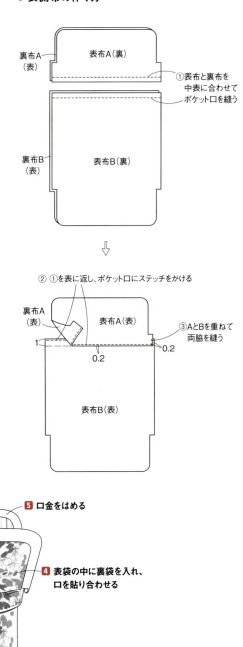

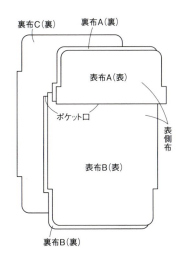

1. 表布に接着芯を貼り、表側布（表布A、裏布A、表布B、裏布B）、裏布Cを各1枚裁つ

2. 表側布（A+B）を作る（上図参照）

3. 表側布、裏布Cそれぞれ中表に二つ折りして両脇を縫い、縫い代の始末をする

4. 表袋の中に裏袋を入れ、口を貼り合わせる

5. 口金をはめる

折りたたみミラー

Photo P.13　**P**attern P.72　No.14

サイズ　W9.5×H12cm

材料
外布（綿プリント）：12×26cm
内布（綿プリント）：22×37cm
接着芯（外布・内布用）：34×37cm
厚紙：8×11.5cmを3枚
口金：幅9.5×11.5cm
　　　※ミラー8×11cmを含む
根付：図参照

手順
基本の作り方　Type B（P.41）参照。

作り方のポイント
厚紙は角2か所を丸く落としておき、2枚は外布と内布の間に挟む。もう1枚はミラー布の片側に貼る。ミラー布の反対側には窓をくり抜いて額縁に折り、ミラーを貼る。ポケットは全面に接着芯を貼って、外表に二つ折りする。内布と外布を貼り合わせるときは、まず折り代部分を合わせ、内側に折り癖をつけながら貼り、はみ出した内布はカットする。

布のはなし
外布も内布も、やや薄手の綿プリント。折り込んだりくるんだり貼り合わせたり、いろいろ細かい工作をするので、扱いやすい布を選びましょう。ミラー布と内ポケット布に、もう1種類別布を使ってもいいかも。

● 内布の裁ち方

● 外布、内布の作り方

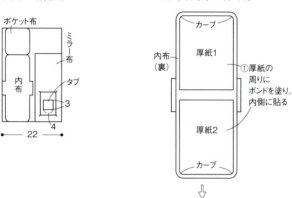

● ミラー布の作り方

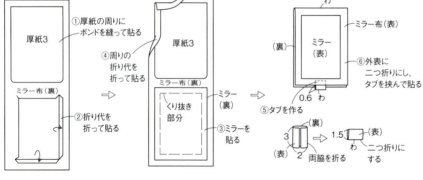

● 布の重ね方

ミニがまぐち10バリエーション

布のはなし 15：プリントの色柄に合わせて、3色毛糸のポンポンを作って根付にしました。16：大きい柄は、どこを切り取るかが大問題。楽しい悩みどころです。17：勝手に「超新星爆発」と命名したプリント。五角形というレアな形状、そしてメタリックな根付。

Photo P.14
Pattern P.73 No.15

サイズ W7.5×H7cm

材料
表布（綿プリント）：10×15cm
裏布（麻無地）：10×15cm
接着芯（表布・裏布用）：19×15cm
口金：幅7.5×3.5cm（CH-110・B／⑨）
根付：図参照

手順
基本の作り方 Type C（P.41）参照。

作り方のポイント
底はわで裁ち、両脇をあきどまりまで縫う。

Photo P.14
Pattern P.73 No.16

サイズ W8.2×H6.5cm

材料
表布（綿麻プリント）：10×15cm
裏布（麻無地）：10×15cm
接着芯（表布・裏布用）：20×15cm
口金：幅8.2×4.7cm（F6・N／ツ）
根付：図参照

手順
基本の作り方 Type C（P.41）参照。

作り方のポイント
底のカーブの部分は縫い代に細かく切り込みを入れてから割る。

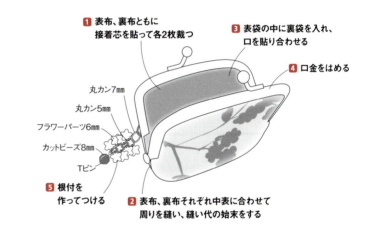

Photo P.14
Pattern P.73 No.17

サイズ W7.5×H7.5cm

材料
表布（綿プリント）：12×18cm
裏布（綿シャンブレー）：12×18cm
接着芯（表布・裏布用）：24×18cm
口金：幅5.5×3cm（CH-111・BN／⑨）
根付：図参照

手順
基本の作り方 Type A（P.38）参照。

作り方のポイント
角のところは、割った縫い代をきちんとたたんで表に返し、目打ちで整える。

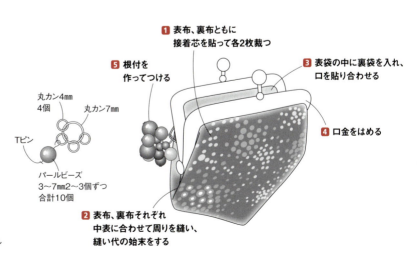

ミニがまぐち10バリエーション

布のはなし 18：口金のゲンコが「バット玉」という名称、布は自転車柄のプリント地、根付はローファーと、なんとなく連想していった隠しテーマは中学生？ 19：チェックの布をあえて正バイアスに取ったもの。そこらへんのお話は、P.17でゆっくりと。

● **タックの作り方**

Photo P.14
Pattern P.73 No.18

サイズ W9×H6.5cm

材料
表布（綿プリント）：14×15cm
裏布（綿シャンブレー）：14×15cm
接着芯（表布・裏布用）：28×15cm
口金：幅9×6.1cm（9cm角丸バット玉・N／㊥）
根付：図参照

手順
基本の作り方　Type B（P.41）参照。

作り方のポイント
表布と裏布を重ねて外周を貼り合わせてから、センターのタックをたたむ。

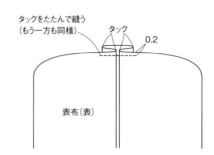

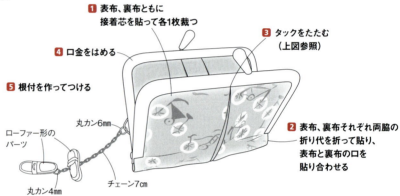

Photo P.14
Pattern P.73 No.19

サイズ W10×H7cm

材料
表布（綿プリント）：12×16cm
裏布（綿シャンブレー）：12×16cm
接着芯（表布・裏布用）：24×16cm
口金：幅9.9×5.7cm
　　（9.9cmくし型 11mm逆玉・N／㊥）

手順
基本の作り方　Type C（P.41）参照。

作り方のポイント
ギャザーを寄せるときは、上糸調子を強く、針目を粗くしてミシンをかけ、上糸を引いて縮める。指定の長さまで縮めたら、両端とも上糸と下糸を結んで固定する。口金にはめるときには、布端が奥まできちんと入るように、目打ちを使って誘導し、ギャザーを整える。

● **ギャザーの寄せ方**

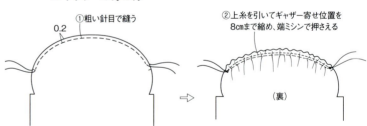

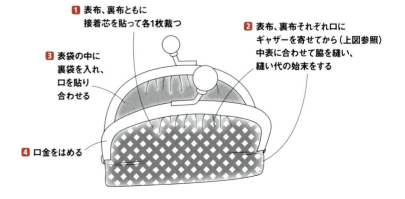

ミニがまぐち10バリエーション

布のはなし 20：安全ピン柄のプリントには、深めのカーブの口金が合う気がして。根付は、たまたま持っていたパーツです。21：布は薄地を選ぶこと。このプリントは口金の留め具の形につられて選んだ柄。22：こっちはボタンの柄につられて選んだ根付。

Photo P.15
Pattern P.73　No.20

サイズ　W7.5×H8cm

材料
表布（綿プリント）：18×9cm
裏布（綿カラーシーチング）：18×9cm
接着芯（表布・裏布用）：18×18cm
口金：幅7.5×5.5cm（N／⑦）
根付：図参照

手順
基本の作り方　Type C（P.41）参照。

作り方のポイント
底の部分は全体がカーブなので、縫い代に切り込みを入れて割る。

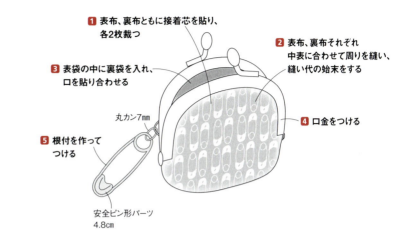

1 表布、裏布ともに接着芯を貼り、各2枚裁つ
2 表布、裏布それぞれ中表に合わせて周りを縫い、縫い代の始末をする
3 表袋の中に裏袋を入れ、口を貼り合わせる
4 口金をつける
5 根付を作ってつける

丸カン7mm
安全ピン形パーツ 4.8cm

Photo P.15
Pattern P.74　No.21

サイズ　W6.5×H6.5cm

材料
表布（綿プリント）：17×16cm
裏布（綿カラーシーチング）：17×16cm
口金：幅4.8×4cm（F201・N／⑳）
根付：図参照

手順
基本の作り方　Type B（P.41）参照。

作り方のポイント
ギャザーをたっぷり寄せるため、表布、裏布とも接着芯は貼らない。紙紐は細めでじゅうぶん。

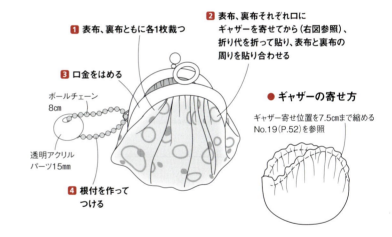

1 表布、裏布ともに各1枚裁つ
2 表布、裏布それぞれ口にギャザーを寄せてから（右図参照）、折り代を折って貼り、表布と裏布の周りを貼り合わせる
3 口金をはめる
4 根付を作ってつける

ボールチェーン 8cm
透明アクリルパーツ15mm

● **ギャザーの寄せ方**
ギャザー寄せ位置を7.5cmまで縮める
No.19（P.52）を参照

Photo P.15
Pattern P.74　No.22

サイズ　W10×H8cm

材料
表布（綿プリント）：26×10cm
裏布（麻無地）：26×10cm
接着芯（表布・裏布用）：26×20cm
口金：幅7.5×4cm（F5・DB／⑳）
根付：図参照

手順
基本の作り方　Type A（P.38）参照。

作り方のポイント
ダーツは、表布は上に倒し、裏布は下に倒して、厚みを分散させる。

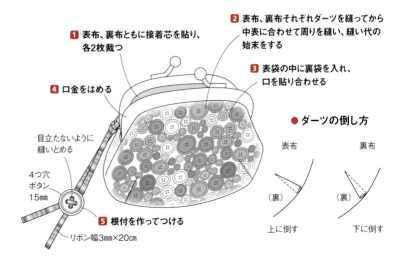

1 表布、裏布ともに接着芯を貼り、各2枚裁つ
2 表布、裏布それぞれダーツを縫ってから中表に合わせて周りを縫い、縫い代の始末をする
3 表袋の中に裏袋を入れ、口を貼り合わせる
4 口金をはめる
5 根付を作ってつける

目立たないように縫いとめる
4つ穴ボタン 15mm
リボン幅3mm×20cm

● **ダーツの倒し方**
表布　　裏布
（裏）　（裏）
上に倒す　下に倒す

ミニがまぐち10バリエーション

布のはなし 23:「ドーナッツげんこ」という留め具の形に引っぱられて、表も裏もドーナッツっぽい柄のプリントで。ついでに根付も、とことん。24:というわけで、ゴールドの雪の結晶プリントに合わせて、根付用の雪の結晶パーツを探しに行きました。

Photo P.15
Pattern P.74 No.23

サイズ W8.5×H8.5cm

材料
表布（綿プリント）:20×10cm
裏布（綿プリント）:20×10cm
接着芯（表布・裏布用）:20×20cm
口金:幅8.1×4.6cm（F202・N／ツ）
根付:図参照

手順
基本の作り方　Type C（P.41）参照。

作り方のポイント
底の部分は全体がカーブなので、縫い代に切り込みを入れて割る。

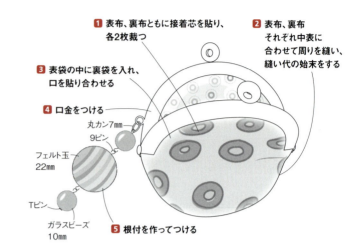

Photo P.15
Pattern P.74 No.24

サイズ W11×H8cm

材料
表布（綿プリント）:20×21cm
裏布（ブロンズ色の麻無地）:20×21cm
接着芯（表布・裏布用）:40×21cm
口金:幅7.5×3.5cm（CH-110・BN／タ）
根付:図参照

手順
基本の作り方　Type A（P.38）参照。

作り方のポイント
ギャザーの寄せ方は No.19（P.52）参照。

● **ギャザーの寄せ方**

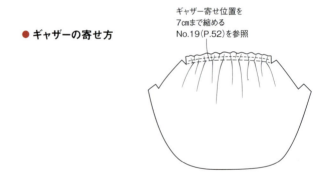

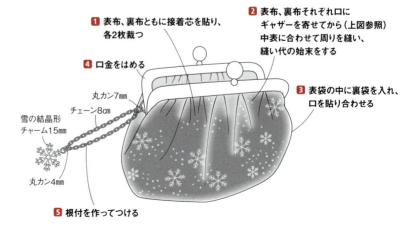

ファーのハート形ポシェット

Photo P.18　Pattern P.74　No.25

サイズ　W17.5×H18cm

材料
表布（フェイクファー）：40×19cm
裏布（綿ツイルプリント）：40×19cm
接着芯（表布・裏布用）：40×38cm
チェーン：長さ45cm
ナスカン：長さ20mmを2個
丸カン：直径7mmを4個
口金：幅17.5×5.5cm

手順
基本の作り方　Type C（P.41）参照。

作り方のポイント
ファーを裁断するときは毛足の方向に注意。はさみの先を使って基布だけ裁ち、毛は切らないようにすること。中表に縫い合わせるときは、毛先を中に閉じ込めるようにして縫い、表に返してから、挟んでしまった毛は目打ちで引き出す。裏袋を重ねたら、口の端から0.2cmのところにミシンをかけておくと口金をはめやすい。

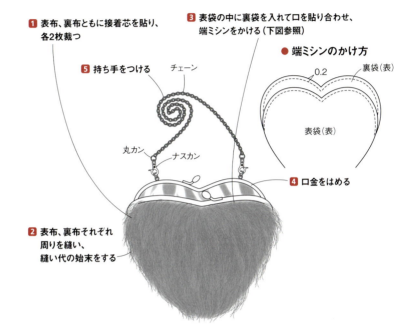

ファーのクラッチバッグ（P.56）の続き

● ポケットの作り方

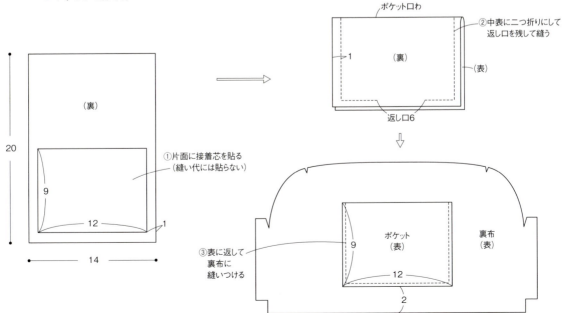

ファーのクラッチバッグ

Photo P.19　Pattern P.75　No.26

サイズ　W27.5×H13.4×D3cm

材料
表布（フェイクファー）：64×17cm
裏布（麻無地）：64×17cm
ポケット布（インドシルク）：14×20cm
接着芯（表布・裏布・ポケット布用）：64×43cm
口金：幅21.5×9.5cm（AG／⑦）
根付：図参照

手順
基本の作り方　Type A（P.38）参照。

作り方のポイント
内ポケットの接着芯は縫い代を含まず片面のみに貼る。ファーは毛足の方向に注意して裁断を。中表に縫い合わせるときは、毛先を中に閉じ込めるようにして縫い、表に返してから、挟んでしまった毛は目打ちで引き出す。
裏袋を重ねたら、口の端から0.2cmのところにミシンをかけておくと口金をはめやすい。

布のはなし
帯地とかゴブラン織など厚手のしっかりした布で作ってもいいと思います。毛並みや方向のない布で作るときには、底は縫い代をつけずに「わ」で裁ってください。かっちりさせたければ、口芯や胴芯（P.36）を入れて。

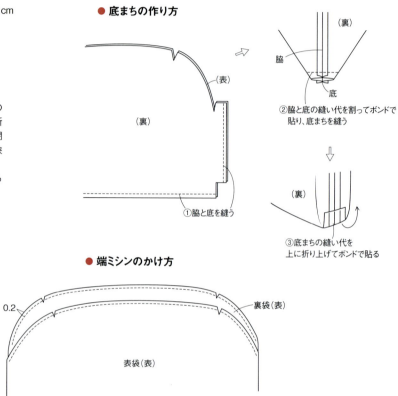

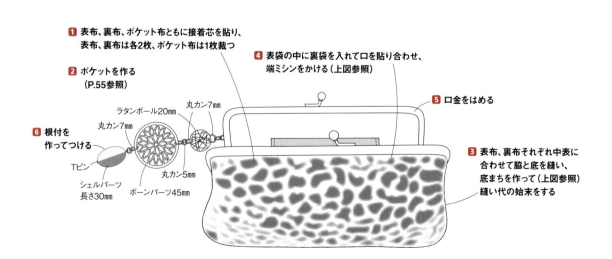

ラミネート地のポーチ2種

Photo P.20　**Pattern** P.75　No.27

サイズ　W21×H12.5×D6cm

材料
表布（水玉プリントのラミネート地　a：グリーン、b：ブラウン）：各25×32cm
口金：幅16.5×5cm（a：AG、b：AS／㋐）各1個

手順
基本の作り方　Type A（P.38）参照。

作り方のポイント
裁ち端がほつれないラミネート地は、裏をつけない一重仕立ても可能。aとbは、底まちのたたみ方を変えただけで型紙は同じ。なので容量も同じ。bは中身が入っていないときにはぺたんこにたためる。
口金の溝にボンドを塗ってはめるとき、ラミネート地は途中でくっついてしまいがちなので、目打ちを使って誘導し、溝の奥まで入れること。

> **布のはなし**
> ラミネート地は、地の目と柄が合っていないことがあり、きちんと柄合わせしようと思うと苦労します。奥の手というか荒技ですが、私は、当て布をして裏から低温のアイロンを当て、無理矢理引っぱってゆがみを修整したりします。

● **底まちのたたみ方**

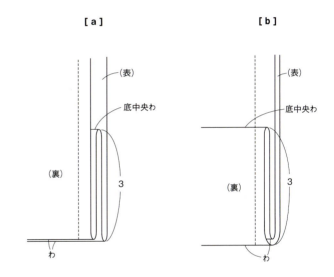

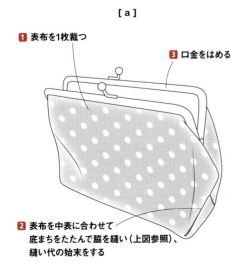

[a]
1. 表布を1枚裁つ
2. 表布を中表に合わせて底まちをたたんで脇を縫い（上図参照）、縫い代の始末をする
3. 口金をはめる

[b]
1. 表布を1枚裁つ
2. 表布を中表に合わせて底まちをたたんで脇を縫い（上図参照）、縫い代の始末をする
3. 口金をはめる

ラミネート地のペットボトルホルダー

Photo P.21　**Pattern** P.75　No.28

サイズ　W12×H20.5×D8cm

材料
表布（チェックのラミネート地）：34×40cm
裏布（保冷シート）：30×30cm
ナスカン：長さ35mmを2個
丸カン：直径7mmを2個
両面カシメ：直径5mmを2組
口金：幅10.1×5.7cm（F11・N／㋡）

手順
基本の作り方　Type A（P.38）参照。

作り方のポイント
胴2枚を中表に合わせて両脇を縫い、脇の縫い代は割る。胴と底を縫い合わせるときは、胴側の縫い代に等間隔で切り込みを入れ、両脇と前後の中心、その間の合い印を合わせる。裏も同様に縫って中に重ねたら、口の部分の端から0.2cmのところにミシンをかけておくと口金にはめやすい。

布のはなし
こんなチェックもラミネート的ゆがみがあると柄合わせには苦労します。裏布には「保冷シート」を使いましたが、じつはおみやげにもらった生チョコか何かが入っていた袋を解体したもの。素材はなんでも有効活用しましょう。

● ストラップの作り方

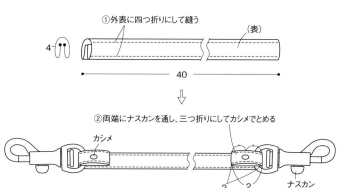

キルティングのサングラスケース

Photo P.22　**P**attern P.75　No.29

サイズ　W20×H8×D3cm

材料
表布（綿プリント）：26×21cm
土台布（薄手シーチング）：26×21cm
ドミット芯：26×21cm
裏布（チノクロス）：26×21cm
接着芯（裏布用）：26×21cm
口金：幅17.5×5.5cm（F33・N／ツ）

手順
基本の作り方　Type A（P.38）参照。

作り方のポイント
綿プリント、ドミット芯、土台布を重ね、ミシンで格子状にキルティングしてから、型紙を置いて裁断する。ステッチの糸がほどけないように、裁断したらすぐボンドでとめるか、外周にぐるりと端ミシンをかけておく。脇の縫い代は割り、底まちの縫い代は上に倒して、ボンドで固定する。

● キルティング地の作り方

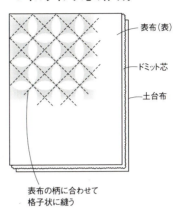

● 底まちの縫い方

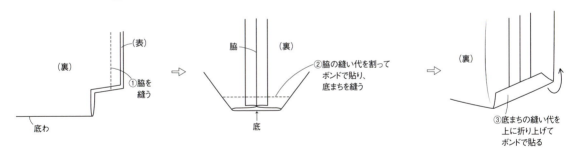

キルティングのデジカメケース

Photo P.23　　**Pattern** P.76　No.30

サイズ　W14×H10×D4cm

材料
表布（綿プリント）：24×24cm
土台布（薄手シーチング）：24×24cm
ドミット芯：24×24cm
裏布（綿プリント）：24×24cm
接着芯（裏布用）：24×24cm
革テープ：9mm幅 25cm
ナスカン：長さ30mmを2個
丸カン：直径7mmを2個
両面カシメ：直径5mmを2組
口金：幅12×5.4cm（F28・ATS／ツ）

手順
基本の作り方　Type A（P.38）参照。

作り方のポイント
綿プリント、ドミット芯、土台布を重ね、ミシンで格子状にキルティングしてから、型紙を置いて裁断する。ステッチの糸がほどけないように、裁断したらすぐボンドでとめるか、外周にぐるりと端ミシンをかけておく。胴とまちを縫い合わせるときには、カーブの部分は胴側の縫い代に切り込みを入れ、底中心と合い印をきちんと合わせること。

布のはなし
こちらもNo.29（P.59）と同じく自力でキルティングしたもの。ミシンキルティングを均一にきれいに仕上げるコツは、針目は少し粗めにして、同一方向だけに縫わずにぐるぐる回しながらランダムに縫うこと。裏布の柄にも注目してね。

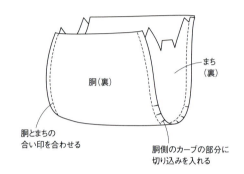

● 胴とまちのつなぎ方

● ストラップの作り方

革の親子ポーチ

Photo P.24　**P**attern P.76　No.31

サイズ　W20×H13.5cm

材料
表革（0.8mm厚の牛革）：45×16cm
裏布（綿プリント）：30×30cm
接着芯（裏布用）：30×30cm
口金：幅14.9×7cm（F124・G／ツ）、
　　　幅6.2×3.5cm（F3・G／ツ）
根付：図参照

手順
基本の作り方　Type A（P.38）＋ C（P.41）参照。

作り方のポイント
表前胴（大）の革に、小のつけ位置の切り込みを入れておく。直径1mmのポンチで穴をあけてから、それをつなぐようにしてU形の切り込みを入れる。
小の裏布は3枚裁つ。うちA、Bの2枚は、縫いどまりの間を縫って袋にする（裏袋）。裏袋Aは表革と口部分を外表に貼り合わせ、Bには、切り込みを入れて二つ折りした裏布Cを貼る。Cの向こう側の口部分と、表前胴の革のU形の切り込み部分を貼り合わせる。
これと表後ろ胴を中表に合わせてぐるりと周りを縫い、表に返す。裏袋も縫って重ね、大きい口金をはめ、小さい口金もはめる。

> **布のはなし**
> 白いスムースレザーにゴールドの口金という、シンプルになりすぎそうなところに、白×黒×金の派手めの裏地。革は、0.7～0.8mm厚くらいがおすすめ。それ以上厚い場合は部分的に漉かないと、この形を作るのには無理があります。

● 裏布の裁ち方

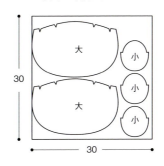

● 小・裏布Cの作り方

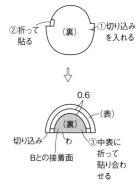

● 小・裏袋の作り方

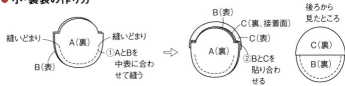

● 小・裏袋のつけ方

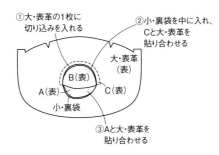

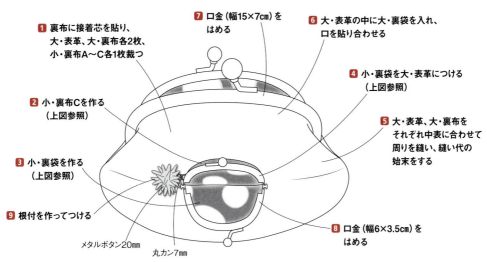

1 裏布に接着芯を貼り、大・表革、大・裏布各2枚、小・裏布A～C各1枚裁つ
2 小・裏布Cを作る（上図参照）
3 小・裏袋を作る（上図参照）
4 小・裏袋を大・表革につける（上図参照）
5 大・表革、大・裏布をそれぞれ中表に合わせて周りを縫い、縫い代の始末をする
6 大・表革の中に大・裏袋を入れ、口を貼り合わせる
7 口金（幅15×7cm）をはめる
8 口金（幅6×3.5cm）をはめる
9 根付を作ってつける

メタルボタン20mm
丸カン7mm

革のツインポシェット

Photo P.25 **P**attern P.76 No.32

サイズ　W18×H15cm（ホック接着時）

材料
表革（0.8mm厚の型押し豚革）：40×26cm
裏布（綿麻無地）：40×26cm
接着芯（裏布用）：40×26cm
ホック：直径1cmを2組
丸カン：直径7mmを2個
ナスカンつきチェーン：120cm
口金：幅18×4.5cm（F30、F25・N／⊙）を各1個

手順
基本の作り方　Type C（P.41）参照。

作り方のポイント
表革、裏布ともに両脇を縫って縫い代の始末をしたら、裏布だけ、底になるところを縫う。表革にはホックを打っておく。それから表裏を重ねて口元を貼り合わせ、口金をはめる。

布のはなし
表は豚革にシルバー箔の型押し。ハードルが高めに感じる革も、厚さや柔らかさが適したものを選べば、裁ち目はほつれないし、口金にもはめやすいし、いいことづくめ。とはいえ、この形は布で作っても大丈夫。

● 裏袋の底の縫い方

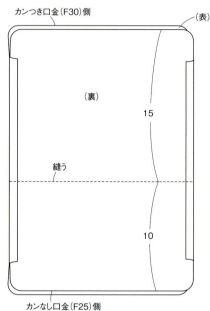

1. 裏布に接着芯を貼り、表革・裏布各2枚裁つ
2. 表革の1枚にホックをつける
3. 表革、裏布それぞれ中表に合わせて脇を縫い、縫い代の始末をする
4. 裏袋の底の仕切りを縫う（上図参照）
5. 表袋の中に裏袋を入れ、口を貼り合わせる
6. 口金をはめる
7. チェーンをつける

しましま玉＋ダーツ入りポーチ

Photo P.26　**Pattern** P.77　No.33

サイズ
W17×H11cm

材料
表布（a：フィードサック、b：綿プリント）：各20×27cm
裏布（綿シャンブレー）：各20×27cm
接着芯（表布・裏布用）：各40×27cm
口金：幅12.2×6.2cm を各1個

手順
基本の作り方　Type A（P.38）参照。

作り方のポイント
ダーツは、表袋は上に倒し、裏袋は下に倒して、厚みを分散させる。

布のはなし
しましまのゲンコにインスパイアされての布選び。赤いほうは年季の入ったフィードサック。黒いほうは、コーヒー豆柄のアメリカンコットン。このようにダーツをつまむデザインの場合、厚すぎる生地はあまり向かないです。

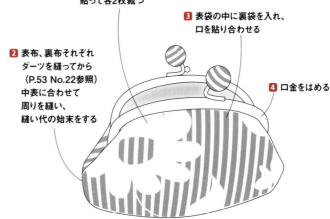

1. 表布、裏布ともに接着芯を貼って各2枚裁つ
2. 表布、裏布それぞれダーツを縫ってから（P.53 No.22参照）中表に合わせて周りを縫い、縫い代の始末をする
3. 表袋の中に裏袋を入れ、口を貼り合わせる
4. 口金をはめる

アクリル玉＋縮絨（しゅくじゅう）ニットのつまみ底ポーチ

Photo P.27　**Pattern** P.77　No.34

サイズ
W16×H10×D4.5cm

材料
表布（縮絨したニット）：各23×26cm
裏布（綿水玉プリント）：各23×26cm
接着芯（表布・裏布用）：各45×26cm
口金：幅12×6cm
　　（12cm角丸アクリル玉口金　a：象牙玉・G、
　　b：黒玉・ATS、c：翡翠玉・N／⊙）各1個

手順
基本の作り方　Type A（P.38）参照。

作り方のポイント
柔らかい素材は口元が凹みがちなので、口芯を入れるとよい（P.36参照）。

布のはなし
3点とも着古したセーターをフェルト化したもの。洗剤とお湯で洗って乾燥機にかけるとびっくりするくらい縮み、アイロンで整えれば切ってもほつれない素材として扱えます。化繊混は縮みにくいので毛100％のものがおすすめ。少々穴があいていてもわからなくなるから大丈夫。

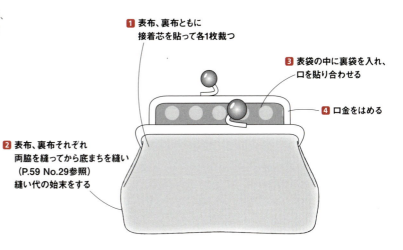

1. 表布、裏布ともに接着芯を貼って各1枚裁つ
2. 表布、裏布それぞれ両脇を縫ってから底まちを縫い（P.59 No.29参照）縫い代の始末をする
3. 表袋の中に裏袋を入れ、口を貼り合わせる
4. 口金をはめる

木玉＋ツイードにスエードパイピングのバッグ＆ポーチ

【 バッグ 】
Photo P.28　Pattern P.77　No.35

サイズ
W25×H14×D9cm

材料
表布（ウールツイード）：27×52cm
裏布（綿プリント）：27×52cm
接着芯（表布・裏布用）：54×52cm
スエードテープ：幅25mmを80cm
ロウ引きコード：直径3mmを80cm
革テープ：9mm幅を35cm
ナスカン：長さ35mmを2個
丸カン：直径7mmを2個
両面カシメ：直径5mmを2組
口金：幅18×8.2cm（18cm 木玉カン付 ブラウン・N／㋡）

手順
基本の作り方　Type A（P.38）参照。

作り方のポイント
パイピングテープは市販のものを利用してもいいけれど、生地に合わせて自分で作るのもおすすめ。ほつれず、伸縮性のあるスエードは、こういう使い方に適している。布で作る場合は正バイアスに裁ってテープを作り、芯のコードを挟む。
カーブの部分に貼るときには、パイピングテープの縫い代に細かく切り込みを入れること。テープを貼ったら、端から0.2cmのところにミシンをかけておく。
胴とまちを縫い合わせるときは、合い印を合わせて、カーブの部分は胴側の縫い代に切り込みを入れる。

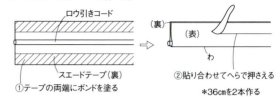

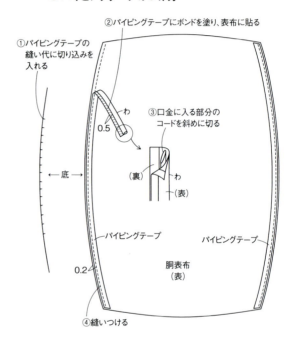

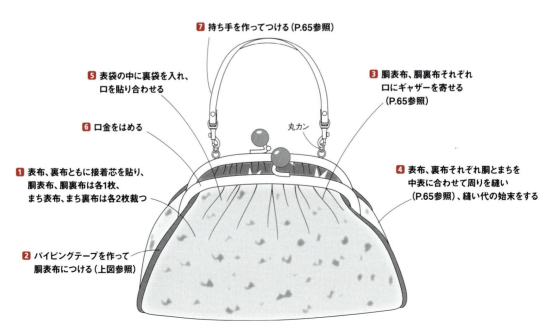

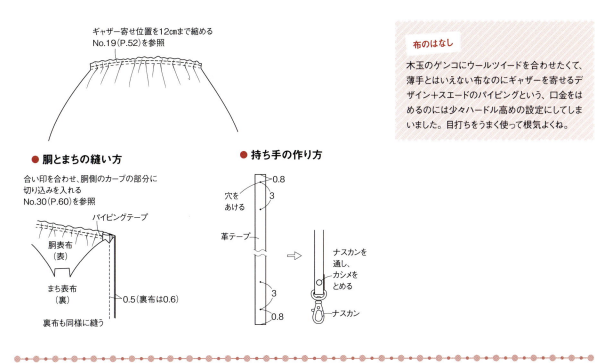

布のはなし

木玉のゲンコにウールツイードを合わせたくて、薄手とはいえない布なのにギャザーを寄せるデザイン+スエードのパイピングという、口金をはめるのには少々ハードル高めの設定にしてしまいました。目打ちをうまく使って根気よくね。

【 ポーチ 】
Photo P.28　**Pattern** P.77　No.36

サイズ　W13×H9cm

材料
表布(ウールツイード):16×22cm
裏布(綿プリント):16×22cm
接着芯(表布・裏布用):32×22cm
スエードテープ:幅25mm を 30cm
ロウ引きコード:直径3mm を 30cm
口金:幅10×4.9cm
　　(9.9cm 木玉カン付 ブラウン・N／㋹)

手順
基本の作り方　Type A (P.38) 参照。

作り方のポイント
パイピングテープの扱いは、No.35のバッグ(P.64)を参照。

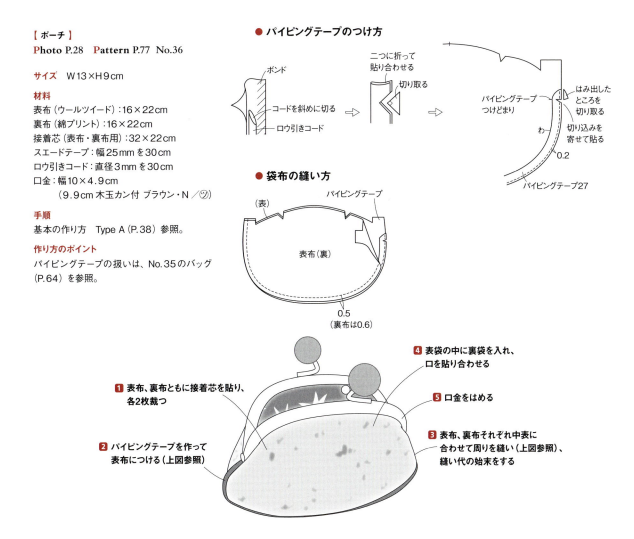

マーブルキューブ＋ちりめんと帆布の四角いポーチ

【小】
Photo P.29　**P**attern P.78　No.37

サイズ　W15×H9.5×D9cm

材料
表布（胴用／ちりめん）：22×11cm
表布（まち用／7号帆布）：30×11cm
裏布（麻無地）：30×22cm
接着芯（表布・裏布用）：30×44cm
口金：幅10.4×5.6cm（『CUBE』マーブル10.5cm 角丸・ATS／⊙）

【大】
Photo P.29　**P**attern P.78　No.38

サイズ　W20×H9.5×D9cm

材料
表布（胴用／ちりめん）：32×11cm
表布（まち用／7号帆布）：34×11cm
裏布（麻無地）：34×22cm
接着芯（表布・裏布用）：34×44cm
口金：幅14.9×6cm（『CUBE』マーブル15cm 角丸・ATS／⊙）

手順
基本の作り方　Type A（P.38）参照。

作り方のポイント
胴とまちを縫い合わせるときは、合い印を合わせて、カーブの部分は、まち側の縫い代に切り込みを入れる。

> **布のはなし**
> キューブ状のゲンコに合わせて四角い形を考えていたのに、マーブルの色合いに引っぱられて選んだ布は、着物の端切れ。四角い形にちりめんなんて向いてないのに……。悩んだ結果、帆布と組み合わせることで解決。柔らかい布でもこんな使い方ができるものですね。

● **胴とまちのつなぎ方**

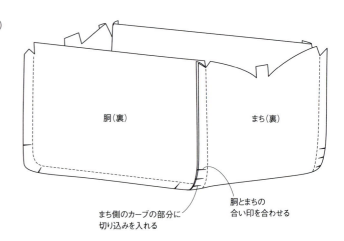

1. 表布、裏布ともに接着芯を貼り、胴各2枚、まち各1枚裁つ
2. 表布、裏布それぞれ胴とまちを中表に合わせて縫い（上図参照）、縫い代の始末をする
3. 表袋の中に裏袋を入れ、口を貼り合わせる
4. 口金をはめる

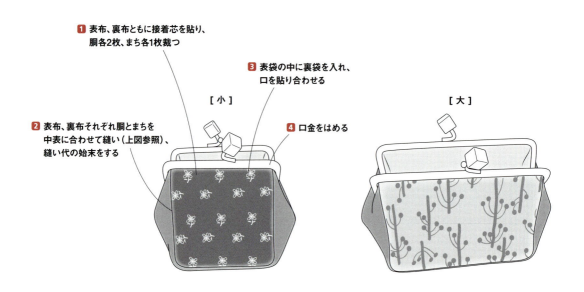

シルバースターのフリンジバッグ＆ゴールドスターのポーチ

Photo P.30　Pattern P.79　No.39

サイズ　W22×H14cm

布のはなし
星のゲンコを引き立てるためにはシンプルな生地をと思い、たどりついたのが口金に近い色のインドシルク。ギャザーのデザインも引き立ち、大人っぽく上品にまとまったように思います。裏布には星プリントを使っちゃいましたけれど。

【 フリンジバッグ 】

材料
表布（インドシルク）：25×34cm
裏布（綿プリント）：25×32cm
接着芯（表布・裏布用）：48×34cm
ビーズフリンジテープ：45mm幅を24cm
ナスカンつきチェーン：38cm
丸カン：直径7mmを2個
口金：幅12.2×6.2cm

【 ポーチ 】

材料
表布（インドシルク）：25×32cm
裏布（綿プリント）：25×32cm
接着芯（表布・裏布用）：48×32cm
口金：幅12.2×6.2cm（12cm 星型げんこ・ATS／②）

手順
基本の作り方　Type A（P.38）参照。

作り方のポイント
フリンジバッグは、表布は底にフリンジテープを挟むので2枚裁ち、裏布は底をわにして1枚裁つ。ポーチは、表裏とも底をわにして各1枚裁つ。

● バッグ フリンジテープのつけ方

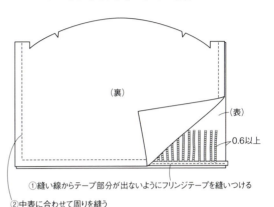

①縫い線からテープ部分が出ないようにフリンジテープを縫いつける
②中表に合わせて周りを縫う

● ギャザーの寄せ方

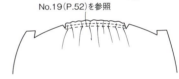

ギャザー寄せ位置を9cmまで縮める
No.19（P.52）を参照

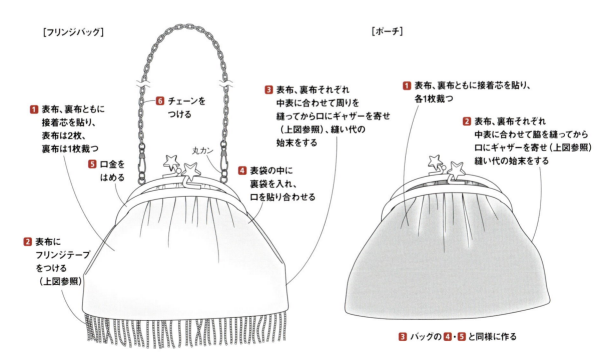

［フリンジバッグ］

1. 表布、裏布ともに接着芯を貼り、表布は2枚、裏布は1枚裁つ
2. 表布にフリンジテープをつける（上図参照）
3. 表布、裏布それぞれ中表に合わせて周りを縫ってから口にギャザーを寄せ（上図参照）、縫い代の始末をする
4. 表袋の中に裏袋を入れ、口を貼り合わせる
5. 口金をはめる
6. チェーンをつける

［ポーチ］

1. 表布、裏布ともに接着芯を貼り、各1枚裁つ
2. 表布、裏布それぞれ中表に合わせて脇を縫ってから口にギャザーを寄せ（上図参照）縫い代の始末をする
3. バッグの 4・5 と同様に作る

ラインストーンつき口金の ベルベット・バッグ&ネックレス

布のはなし

ベルベットのように毛並みがある布は、裁断するとき方向に注意して。端切れを使う場合でもせめて胴の向きは揃えましょう。この作品ではまちを横地に取りましたが、毛並みが目立つ場合は、底中心ではぎ合わせてください。ネックレスも毛並みがきれいに見える側を前面に使いましょう。

【 バッグ 】

Photo P.31　**P**attern P.79　No.40

サイズ　W18×H12×D6cm

材料
表布（ベルベット）：40×25cm
裏布（綿水玉ジャカード）：40×25cm
接着芯（表布・裏布用）：40×50cm
プラスチックチェーン：33cmを1本
丸カン：直径13mmを2個
口金：幅11.4×6.4cm

手順
基本の作り方　Type A（P.38）参照。

作り方のポイント
胴とまちを縫い合わせるときは、合い印を合わせ、カーブの部分は、まち側の縫い代に切り込みを入れる。形をしっかりさせたいときは、口芯を入れるとよい（P.36参照）。

【 ネックレス 】

Photo P.31　**P**attern P.79　No.41

サイズ　W4×H4cm

材料
表布（ベルベット）：6×8cm
裏布（綿水玉ジャカード）：6×8cm
接着芯（表布・裏布用）：12×8cm
チェーン：80cm
丸カン：直径7mmを2個
ラインストーンパーツ：直径10mmを1個
Tピン：1本
口金：幅3.7×3.6cm（F1・N／♡）

手順
基本の作り方　Type B（P.41）参照。

作り方のポイント
形をしっかりさせたいときは、胴芯を入れるとよい（P.36参照）。

● **胴とまちのつなぎ方**

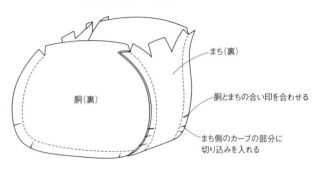

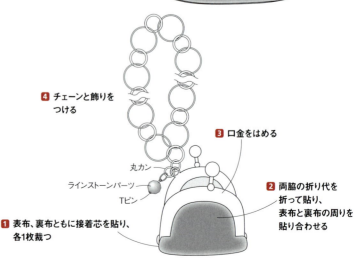

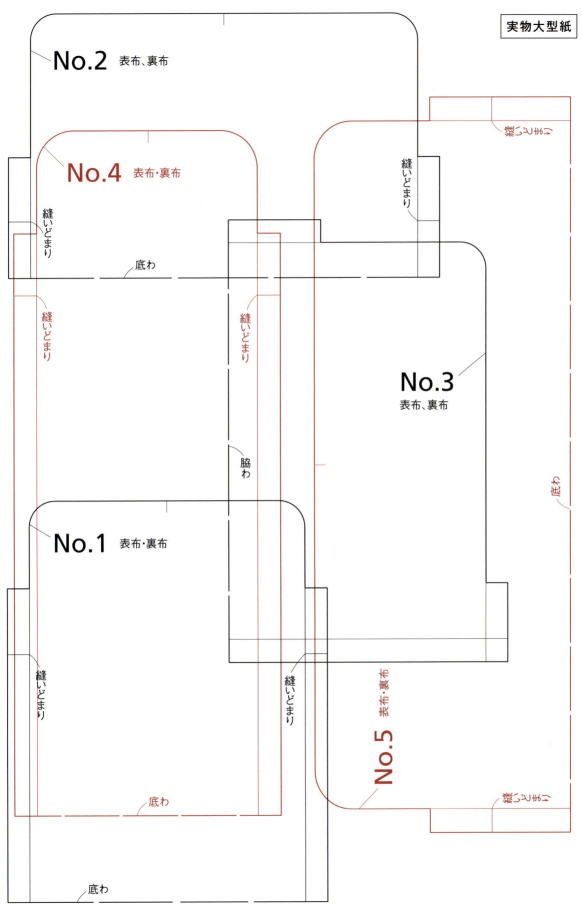

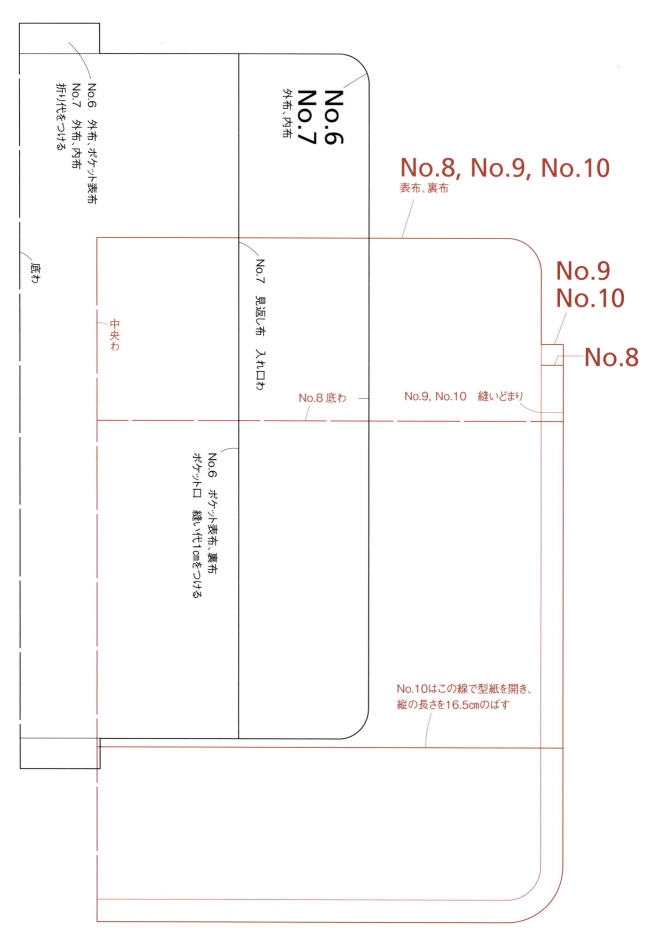

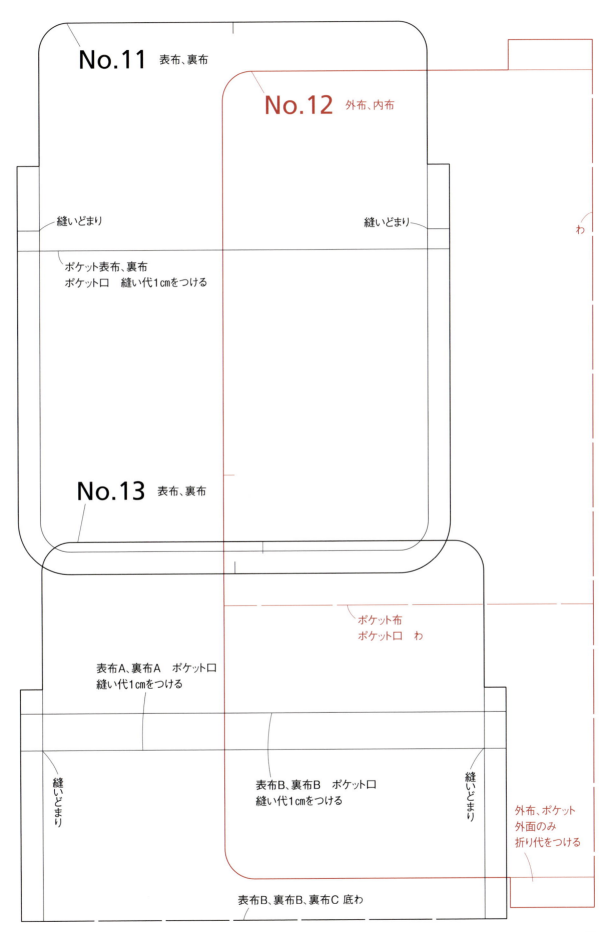

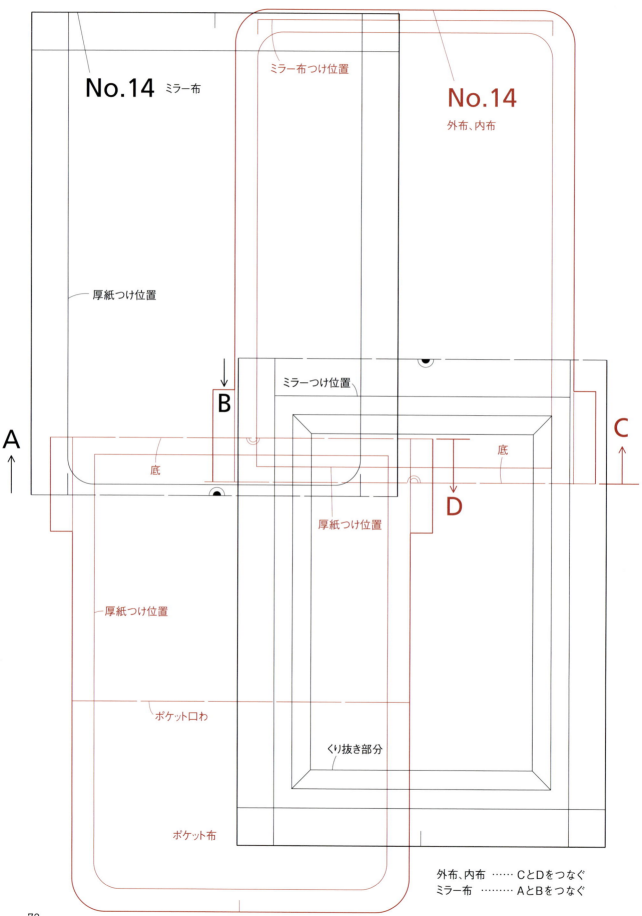

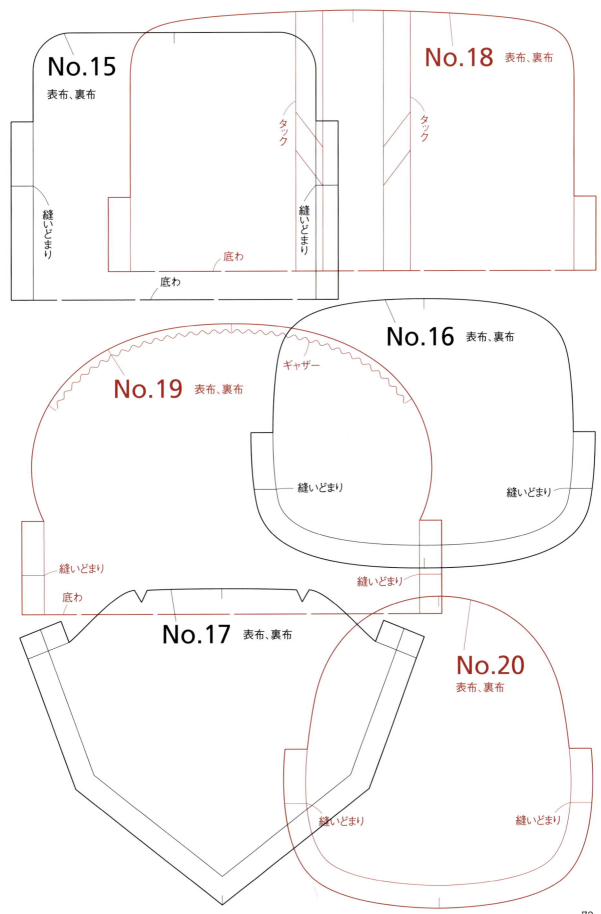

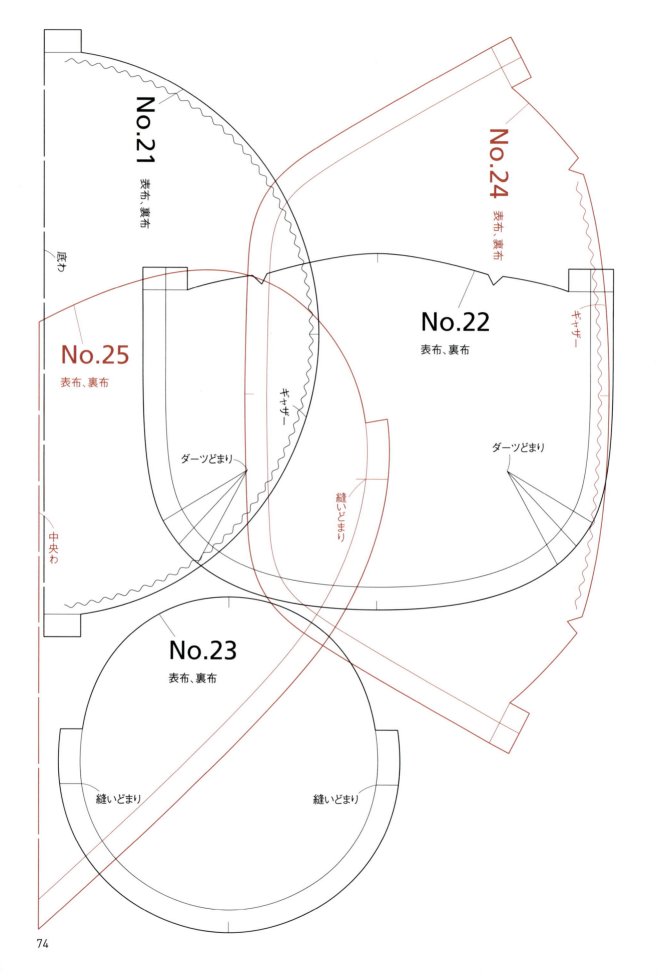

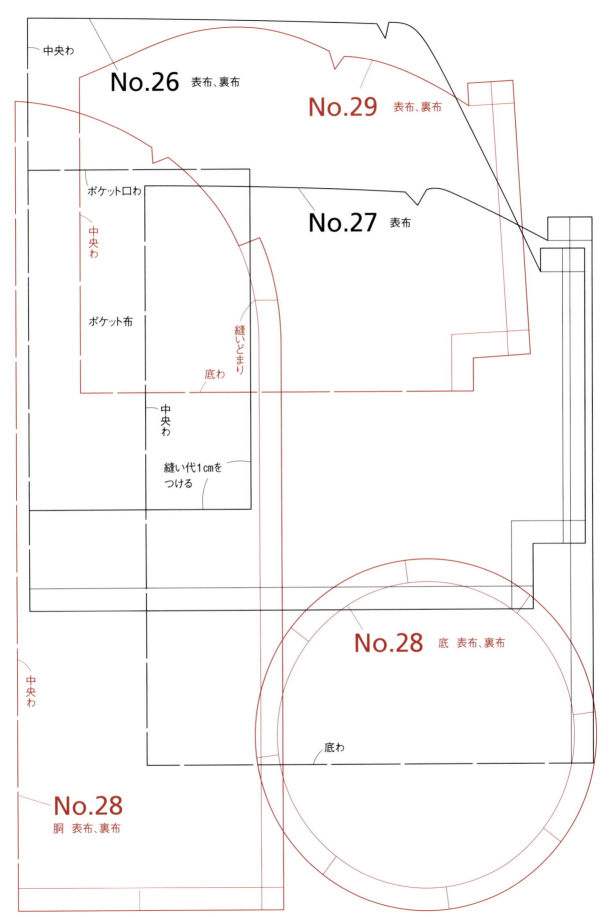

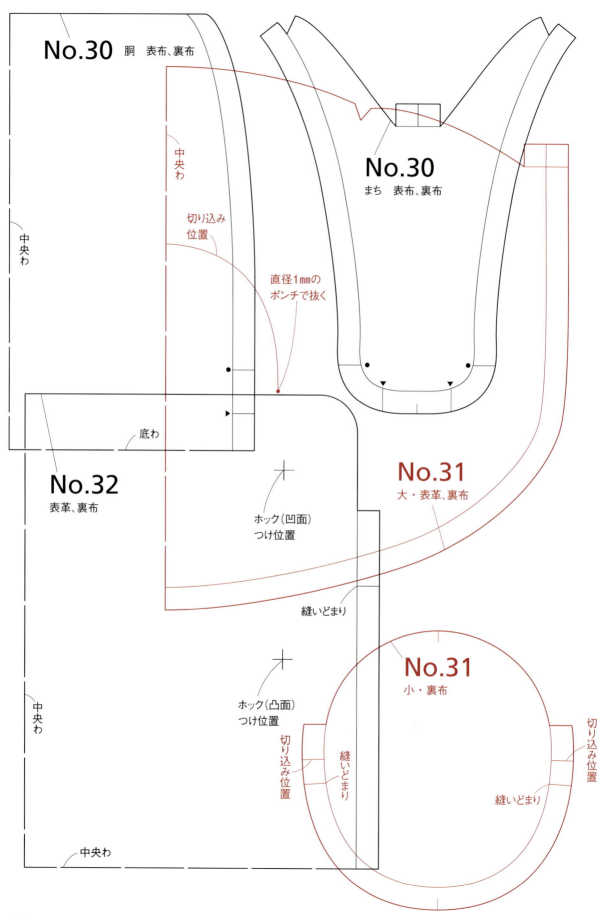

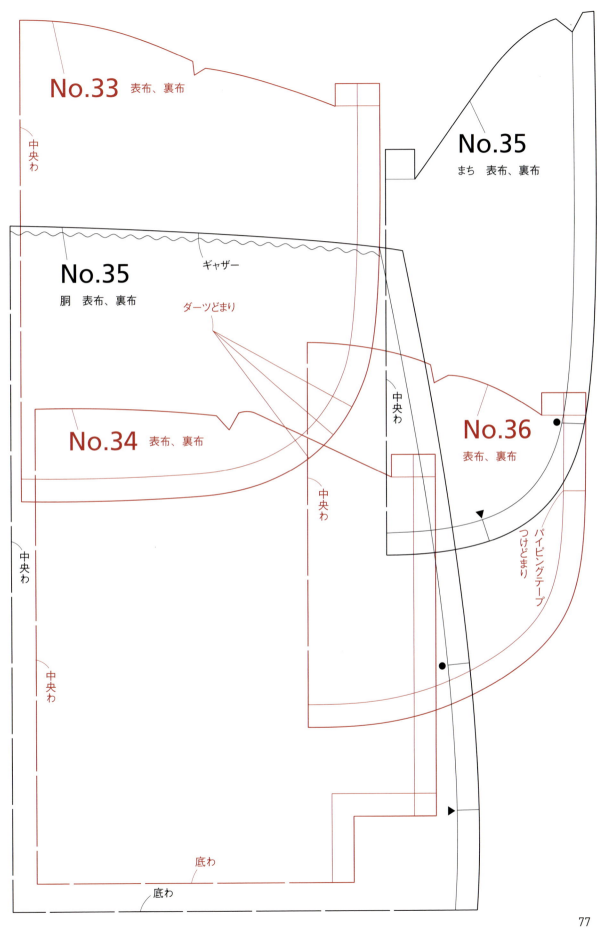

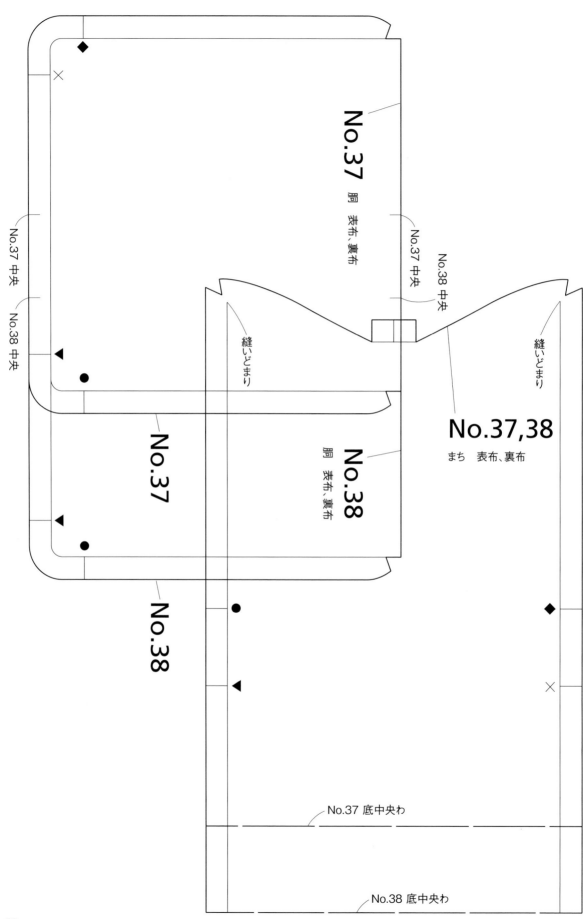

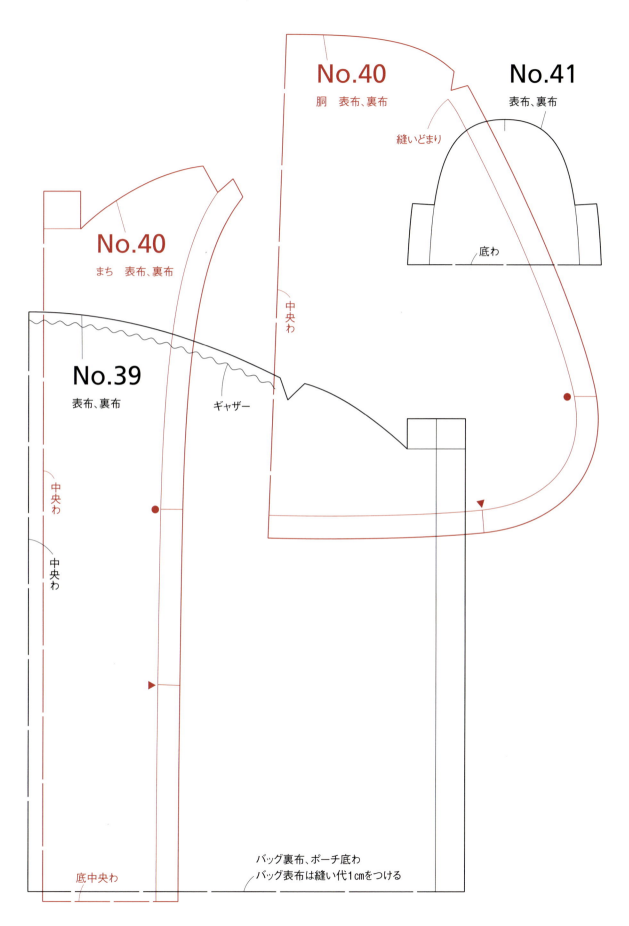

Profile

越膳夕香(こしぜんゆか)

北海道旭川市出身。女性誌の編集者を経て作家に転身。手芸雑誌や書籍で、布小物、ニット小物などの作品を発表している。和服地から革、毛糸まで、扱う素材の守備範囲は広い。
好きな素材で各自が作りたいものを作るフリースタイルの手芸教室「xixiang手芸倶楽部」を主宰。毎日の暮らしの中で使えるものを、自分仕様で作る楽しさを伝えている。ヴォーグ学園東京校、NHK文化センター青山教室で講師を務めるほか、各所でワークショップを開催している。
著書に『いちばん簡単、きれいに作れる がまぐちの本』(小社)、『口金づかいのバッグ』『持ち手を楽しむバッグ』『バッグの型紙の本』(以上、日本ヴォーグ社)、『今日作って、明日使える 手縫いの革小物』(マイナビ出版)、『洗える麻糸で編むバッグと帽子』(文化出版局)、『洗えるマニラヘンプヤーンで編むバッグ&ポーチ』(朝日新聞出版)など。
http://www.xixiang.net/

Staff

写真＊中島千絵美

デザイン＊釜内由紀江、五十嵐奈央子、石神奈津子(GRiD)

イラスト＊大楽里美(day studio)

作り方解説＊吉田彩

編集＊村松千絵(Cre-Sea)

【口金メーカー ショップリスト】※50音順

■タカギ繊維株式会社
〒602-8251 京都市上京区黒門通上長者町上ル
tel.075-441-4181　fax.075-415-0081
http://www.takagi-seni.com/
Eメール：takagiseni@nifty.com

■株式会社角田商店
〒111-0054 東京都台東区鳥越2-14-10
tel.03-3851-8186　fax.03-3866-8365
http://www.tsunodaweb.shop

■藤久株式会社
〒465-8511 名古屋市名東区高社1丁目210番地
0120-478020
http://www.crafttown.jp

※本書掲載の口金サイズと、商品に表記されているサイズとは異なる場合があります。

※本書掲載の口金の商品情報は2018年12月時点のものです。

本書の内容に関するお問い合わせは、お手紙かメール(jitsuyou@kawade.co.jp)にて承ります。恐縮ですが、お電話でのお問い合わせはご遠慮くださいますようお願いいたします。

本書に掲載されている作品及びそのデザインの無断利用は、個人的に楽しむ場合を除き、著作権法で禁じられています。本書の全部または一部(掲載作品の画像やその作り方図等)をホームページに掲載したり、店頭、ネットショップ等で配布、販売したりする場合には、著作権者の許可が必要です。

はじめてでもよくわかる
もっと、がまぐちの本

2013年12月30日　初版発行
2019年2月18日　新装版初版印刷
2019年2月28日　新装版初版発行

著　者　越膳夕香
発行者　小野寺優
発行所　株式会社河出書房新社
　　　　〒151-0051
　　　　東京都渋谷区千駄ヶ谷2-32-2
　　　　電話　03-3404-1201(営業)
　　　　　　　03-3404-8611(編集)
　　　　http://www.kawade.co.jp/

印刷・製本　図書印刷株式会社

Printed in Japan
ISBN978-4-309-28717-1

落丁本・乱丁本はお取り替えいたします。
本書のコピー、スキャン、デジタル化等の無断複製は著作権法上での例外を除き禁じられています。本書を代行業者等の第三者に依頼してスキャンやデジタル化することは、いかなる場合も著作権法違反となります。

＊本書は2013年小社刊『もっと、がまぐちの本』を新装したものです。